高职高专工学结合课程改革规划教材

Daolu Jiaotong Shigu Xianchang Chakan Yu Dingsun
道路交通事故现场查勘与定损

（汽车运用技术专业用）

交通职业教育教学指导委员会　组织编写
汽车运用与维修专业指导委员会

侯晓民　彭晓艳　主　编
任成尧　主　审

人民交通出版社

内 容 提 要

本书是高职高专工学结合课程改革规划教材，是在各高等职业院校积极践行和创新先进职业教育思想和理念，深入推进"校企合作、工学结合"人才培养模式的大背景下，由交通职业教育教学指导委员会汽车运用与维修专业指导委员会根据新的教学标准和课程标准组织编写而成。

本书主要内容是依据车险公估、车辆保险理赔查勘与定损岗位的工作任务确定的。具体内容包括：交通事故现场查勘前的准备工作；交通事故现场查勘；交通事故现场查勘报告的撰写；判断真伪事故现场；交通事故责任与保险责任认定；确定事故车辆的损失；人员伤亡、其他财产、施救费用的确定。通过本课程的学习，使学生明确查勘与定损工作的基本流程，初步具备查勘与定损岗位的独立工作能力。

本书主要供高职高专院校汽车运用技术、汽车技术服务与营销、二手车鉴定与评估、机动车保险与实务等专业教学使用，也可作为相关行业的培训教材。

图书在版编目(CIP)数据

道路交通事故现场查勘与定损 / 侯晓民,彭晓艳主编.
—北京：人民交通出版社，2014.4
高职高专工学结合课程改革规划教材
ISBN 978-7-114-11150-1

Ⅰ.①道… Ⅱ.①侯…②彭… Ⅲ.①交通运输事故 – 现场勘查 – 高等职业教育 – 教材②交通运输事故 – 车辆 – 损伤 – 鉴定 – 高等职业教育 – 教材 Ⅳ.①U491.31

中国版本图书馆 CIP 数据核字(2014)第 016715 号

高职高专工学结合课程改革规划教材
书　　名：道路交通事故现场查勘与定损
著 作 者：侯晓民　彭晓艳
责任编辑：李　洁　翁志新
出版发行：人民交通出版社
地　　址：(100011)北京市朝阳区安定门外外馆斜街 3 号
网　　址：http://www.ccpress.com.cn
销售电话：(010)59757973
总 经 销：人民交通出版社发行部
经　　销：各地新华书店
印　　刷：北京交通印务有限公司
开　　本：787×1092　1/16
印　　张：11.25
字　　数：260 千
版　　次：2014 年 4 月　第 1 版
印　　次：2020 年 12 月　第 2 次印刷
书　　号：ISBN 978-7-114-11150-1
定　　价：26.00 元

(有印刷、装订质量问题的图书由本社负责调换)

交通职业教育教学指导委员会
汽车运用与维修专业指导委员会

主 任 委 员：魏庆曜

副主任委员：张尔利　汤定国　马伯夷

委　　　员：王凯明　王晋文　刘　锐　刘振楼

　　　　　　　刘越琪　许立新　吴宗保　张京伟

　　　　　　　李富仓　杨维和　陈文华　陈贞健

　　　　　　　周建平　周柄权　金朝勇　唐　好

　　　　　　　屠卫星　崔选盟　黄晓敏　彭运均

　　　　　　　舒　展　韩　梅　解福泉　詹红红

　　　　　　　裴志浩　魏俊强　魏荣庆

秘　　　书：秦兴顺

编审委员会

公共平台组

组　　长：魏庆曜
副组长：崔选盟　周林福
成　　员：王福忠　林　松　李永芳　叶　钢　刘建伟　郭　玲
　　　　　马林才　黄志杰　边　伟　屠卫星　孙　伟
特邀主审：郭远辉　杨启勇　崔振民　韩建保　李　朋　陈德阳

机电维修专门化组

组　　长：汤定国
副组长：陈文华　杨　洸
成　　员：吕　坚　彭小红　陈　清　杨宏进　刘振楼　王保新
　　　　　秦兴顺　刘　成　宋保林　张杰飞
特邀主审：卞良勇　黄俊平　寒小平　张西振　疏祥林　李　全
　　　　　黄晓敏　周建平

维修服务顾问专门化组

组　　长：杨维和
副组长：刘　焰　杨宏进
成　　员：韦　峰　罗　双　周　勇　钱锦武　陈文均　刘资媛
　　　　　金加龙　王彦峰　杨柳青
特邀主审：吴玉基　刘　锐　张　俊　邹小明　熊建国

保险与公估专门化组

组　　长：张尔利
副组长：阳小良　彭朝晖
成　　员：李远军　陈建宏　侯晓民　肖文光　曹云刚　廖　明
　　　　　荆叶平　彭晓艳
特邀主审：文爱民　任成尧　李富仓　刘　璘　冷元良

前言

为落实《国家中长期教育改革和发展规划纲要(2010—2020年)》精神,深化职业教育教学改革,积极推进课程改革和教材建设,满足职业教育发展的新需求,交通职业教育教学指导委员会汽车运用与维修专业指导委员会按照工学结合一体化课程的开发程序和方法编制完成了《汽车运用技术专业教学标准与课程标准》,在此基础上组织全国交通职业技术院校汽车运用技术专业的骨干教师及相关企业的专业技术人员,编写了本套规划教材,供高职高专院校汽车运用技术、汽车检测与维修专业教学使用。

本套教材在启动之初,交通职业教育教学指导委员会汽车运用与维修专业指导委员会又邀请了国内著名职业教育专家赵志群教授为主编人员进行了关于课程开发方法的系统培训。教材初稿完成后,根据课程的特点,分别邀请了企业专家、本科院校的教授和高职院校的教师进行了审阅,之后又专门召开了两次审稿会,对稿件进行了集中审阅后才定稿,实现了对稿件的全过程监控和严格把关。

本套教材在编写过程中,主要编写人员认真总结全国交通职业院校多年来的教学成果,结合企业职业岗位的客观需求,吸收了发达国家先进的职业教育理念,教材成稿后,形成了以下特色:

1. 强调"校企合作、工学结合"。汽车运用技术专业建设,从市场调研、职业分析,到教学标准、课程标准开发,再到教材编写的全过程,都是职业院校的教师与相关企业的专业人员一起合作完成的,真正实现了学校和企业的紧密结合。本专业核心课程采用学习领域的课程模式,基于职业典型工作任务进行课程内容选择和组织,体现了工学结合的本质特征——"学习的内容是工作,通过工作实现学习",突出学生的综合职业能力培养。

2. 强调"课程体系创新,编写模式创新"。按照整体化的职业资格分析方法,通过召开来自企业一线的实践专家研讨会分析得出职业典型工作任务,在专业教师和行业专家、教育专家共同努力下进行教学分析和设计,形成了汽车运用技术专业新的课程体系。本套教材的编写,打破了传统教材的章节体例,以具有代表性的工作任务为一个相对完整的学习过程,围绕工作任务聚焦知识和技能,体现行动导向的教学观,提升学生学习的主动性和成就感。

前言

《道路交通事故现场查勘与定损》是本套教材中的一本。与传统同类教材相比,本教材以工作情景描述为开端,提出学习内容及要求;详细介绍了为完成描述工作任务所必需的知识准备和技能;以实际工作流程和工作顺序为主线组织教学,以相关岗位的工作任务确定学习内容,以达到学习与工作零距离对接的目的。

参加本书编写工作的有:新疆交通职业技术学院的侯晓民(编写学习任务5的部分内容、学习任务6、学习任务7的部分内容),杨燕玲(编写学习任务1),原勇(编写学习任务5的部分内容),潘杰(编写学习任务7的部分内容),湖南交通职业技术学院的彭晓艳(编写学习任务2、学习任务3的部分内容、学习任务4的部分内容),黄金凤(编写学习任务3的部分内容、学习任务4的部分内容)。全书由侯晓民、彭晓艳担任主编,山西交通职业技术学院的任成尧担任主审。

本教材在编写过程中得到了中国人民财产保险股份有限公司乌鲁木齐分公司方军、张国庆,民太安公估公司长沙分公司冯云、郭志勇的大力支持,在此特别表示感谢。

限于编者经历和水平,教材内容难以覆盖全国各地的实际情况,希望各教学单位在积极选用和推广本系列教材的同时,注重总结经验,及时提出修改意见和建议,以便再版修订时补充完善。

交通职业教育教学指导委员会
汽车运用与维修专业指导委员会
2013年6月

目录

学习任务1 交通事故现场查勘前的准备工作 …… 1
- 一、知识准备 …… 1
- 二、任务实施 …… 5
  - 项目1 车险理赔外勤业务简介 …… 5
  - 项目2 查勘定损服务礼仪学习 …… 7
  - 项目3 查勘定损职业道德学习 …… 10
  - 项目4 现场查勘前的准备工作 …… 14
- 三、学习评价 …… 15

学习任务2 车险事故现场查勘 …… 18
- 一、知识准备 …… 18
- 二、任务实施 …… 21
  - 项目1 到达现场 …… 21
  - 项目2 拍摄现场照片 …… 24
  - 项目3 确认保险标的 …… 36
  - 项目4 查验事故信息取证 …… 38
  - 项目5 定性定责定损 …… 44
  - 项目6 指导索赔 …… 45
- 三、学习评价 …… 47
- 四、拓展学习 …… 50
  - 项目1 水淹车辆事故现场查勘 …… 50
  - 项目2 火烧车事故现场查勘 …… 55
  - 项目3 盗抢事故现场查勘 …… 58

学习任务3 车辆保险事故现场查勘报告的撰写 …… 63
- 一、知识准备 …… 63
- 二、任务实施 …… 65
- 三、学习评价 …… 76
- 四、拓展学习 …… 78

学习任务4 判断真伪事故现场 …… 92
- 一、知识准备 …… 92

目 录

　　二、任务实施 ······ 94
　　　　项目1　伪造相关证据之痕迹造假案件 ······ 94
　　　　项目2　伪造证据之保险标的不具可保利益作假案件 ······ 100
　　　　项目3　伪造相关证据之出险地点作假案件 ······ 102
　　　　项目4　伪造相关证据之出险时间作假案件 ······ 104
　　　　项目5　虚构保险标的之套牌车辆出险案件 ······ 105
　　　　项目6　故意扩大事故损失之换旧件出险案件 ······ 107
　　　　项目7　故意制造事故之二次碰撞案件 ······ 108
　　　　项目8　故意制造事故之非第一现场案件 ······ 110
　　三、学习评价 ······ 111

学习任务5　交通事故责任与保险责任认定 ······ 114
　　一、知识准备 ······ 115
　　二、任务实施 ······ 118
　　　　项目1　道路交通事故部分责任案例分析 ······ 118
　　　　项目2　道路交通事故全部责任案例分析 ······ 120
　　　　项目3　填写交通事故认定书 ······ 127
　　　　项目4　保险责任判定案例分析 ······ 129
　　三、学习评价 ······ 131
　　四、拓展学习 ······ 134

学习任务6　确定事故车辆的损失 ······ 139
　　一、知识准备 ······ 140
　　二、任务实施 ······ 145
　　　　项目1　确定车辆损坏部位及损坏程度 ······ 145
　　　　项目2　根据损伤程度,确定零部件更换或修复方案及费用 ······ 148
　　　　项目3　水淹车的定损 ······ 151
　　三、学习评价 ······ 155

学习任务7　人员伤亡、其他财产、施救费用的确定 ······ 156
　　一、知识准备 ······ 157
　　二、任务实施 ······ 163
　　　　项目1　初步确定车辆及人员损失情况 ······ 163

目录

　　项目2　确定人员伤亡情况 ………………………………… 165
　　项目3　对施救费用进行确定 ………………………………… 165
　　项目4　确定事故其他物质损失 ……………………………… 166
　三、学习评价 …………………………………………………… 167
参考文献 …………………………………………………………… 168

学习任务1 交通事故现场查勘前的准备工作

 学习目标

1. 能够描述车险理赔外勤业务的操作流程；
2. 能够与调度人员和客户进行良好沟通，掌握标的车承保及基本出险信息；
3. 能够根据获取的信息，做好查勘准备工作，尽快赶赴事故现场；
4. 能够掌握查勘定损服务的礼仪规范，为后续的查勘定损工作打下基础；
5. 能够掌握查勘定损工作的职业道德，在后续的查勘定损工作中严于自律。

 学习时间

8学时。

 工作情境描述

2012年2月10日13时50分，驾驶员张某某驾驶标的车湘A123××在长沙市劳动西路广电局门口行驶时，不慎与辅道行驶的桑塔纳轿车湘A456××相撞。某保险公司调度员接到车主报案后，对案件信息进行了解，并立即将该案件分配给查勘员金某某，金某某在出发查勘前要完成一定的准备工作。

 学习引导

| 车险理赔外勤业务简介 | → | 查勘服务礼仪学习 | → | 查勘职业道德学习 | → | 查勘出发前准备 |

一、知识准备

1 车险理赔业务概述

1）车险理赔的概念

车险理赔是指保险车辆发生责任范围内的事故并造成损失后，保险人依据保险合同对被保险人提出的索赔请求进行处理的行为。

车险理赔工作是保险人执行保险合同、履行保险义务、承担保险责任的具体体现,保险的优越性及保险给予被保险人的经济补偿作用在很大程度上都是通过理赔工作完成的。

2)车险理赔的意义

当汽车保险合同所规定的事故发生后,保险人会接到被保险人在规定的时间内提交的报案索赔报告,就要按保险合同对其损失进行补偿。汽车保险理赔时保险经营的最后环节,也是非常重要的环节。所以做好汽车理赔工作,对于维护投保人的利益,加强汽车保险经营与管理,提高保险企业的信誉和经营效益,具有重要意义。

(1)经济补偿。汽车保险的基本职能是经济补偿,也就是进行损失补偿。正是基于这种职能,被保险人通过与保险人签订汽车保险合同来转移自己可能遇到的风险。因为被保险人通过签订保险合同的方式,交纳一定的保险费,所以在遭受自然灾害和意外事故造成车辆损失、人员伤亡事时即可享有损失补偿的权利。汽车保险理赔,体现了保险人依法履行保险责任而使被保险人享受保险权益的功能。

(2)安定人民生活,保证社会再生产持续进行。汽车保险企业的经营方针就是通过收取保险费,积累保险基金并将其用于支援经济建设,稳定人民生活。保险理赔正是实现这一经营方针的中心环节。汽车保险理赔使车祸的伤亡者得到保险金给付,使伤者或家属得到心灵上的安慰;使受损车辆得到损失补偿,使他们本人或家庭能够重建家园,安定生活,树立或增强生活信心,对社会稳定发挥积极作用。汽车保险理赔时,企业的经济损失得到补偿,从而保证了再生产过程的持续进行,为社会创造出更多的物质财富。所以,汽车保险的作用能否得到充分发挥,汽车保险经营方针能否得到贯彻,在保险理赔方面体现得最明显最突出。

(3)检验承保质量。汽车理赔案发生以后,关于汽车保险展业是否深入,承保手续、保险率是否合理,保险金额是否恰当,这一系列问题就都出现了。所以说汽车保险理赔过程是检验汽车保险承保质量的过程。对于这些问题,保险经营企业必须妥善处理,有利于承保工作的改进和业务质量的提高。通过理赔不但检验了汽车承保的质量,而且扩大了宣传范围,提高了保险公司的信誉,促进了汽车保险业务的拓展。

(4)企业自身经济效益。汽车保险企业的开展,从某种意义上说,就是为了追求高的经济效益。但是其经济效益的高低,在很大程度上又取决于保险经营成本的大小,而其中占主要部分的是赔款支出。一般来说,在一定时期内,在其他条件不变的前提下,保险赔款支出少,保险经济效益就高,反之,则低。

3)车险理赔的原则

车险理赔工作涉及面广,情况比较复杂。在赔偿处理过程中,特别是在对汽车事故进行查勘工作过程中,必须提出应有的要求和坚持一定的原则。

(1)坚持实事求是的原则。在整个理赔工作过程中,体现了保险的经济补偿职能作用。当发生汽车保险事故后,保险人要急被保险人所急,千方百计避免扩大损失,尽量减轻因灾害事故造成的影响,及时安排事故车辆修复,并保证基本恢复车辆的原有技术性能,使其尽快投入生产运营。

及时处理赔案,支付赔款,以保证运输生产单位(含个体运输户)生产、经营的持续进行和人民生活的安定。

在现场查勘、事故车辆修复定损以及赔案处理方面,要坚持实事求是的原则,在尊重客观事实的基础上,具体问题作具体分析,即严格按条款办事,又结合实际情况进行适当灵活处理,使各方都比较满意。

(2)重合同,守信用,依法办事。保险人是否履行合同,就看其是否严格履行经济补偿义务。因此,保险方在处理赔案时,必须加强法制观念,严格按条款办事,该赔的一定要赔,而且要按照赔偿标准及规定赔足;不属于保险责任范围的损失不滥赔,同时还要向被保险人讲明道理,拒赔部分要讲事实、重证据。要依法办事,坚持重合同,诚实信用,只有这样才能树立保险的信誉,扩大保险的积极影响。

(3)坚决贯彻"八字"理赔原则。"主动、迅速、准确、合理"是保险理赔人员在长期的工作实践中总结出的经验,是保险理赔工作优质服务的最基本要求。

①主动:就是要求保险理赔人员对出险的案件,要积极、主动的进行调查、了解和勘察现场,掌握出险情况,进行事故分析确定保险责任。

②迅速:就是要求保险理赔人员查勘、定损处理迅速、不拖沓、抓紧赔案处理,对赔案要核的准,赔款计算案卷缮制快,复核、审批快,使被保险人及时得到赔款。

③准确:就是要求从查勘、定损以至赔款计算,都要做到准确无误,不错赔、不滥赔、不惜赔。

④合理:就是要求在理赔工作过程中,要本着实事求是的精神,坚持按条款办事。在许多情况下,要结合具体案情准确定性,尤其是在对事故车辆进行定损过程中,要合理确定事故车辆维修方案。

理赔工作的"八字"原则是辩证统一的,不可偏废。如果片面追求速度,不深入调查了解,不对具体情况作具体分析,盲目结论,或者计算不准确,草率处理,则可能会发生错案,甚至引起法律诉讼纠纷。当然,如果只追求准确、合理,忽视速度,不讲工作效率,赔案久拖不决,则可造成极坏的社会影响,损害保险公司的形象。总的要求是从实际出发,为保户着想,既要讲速度,又要讲质量。

4)车险理赔的特点

汽车保险与其他保险不同,其理赔工作也具有显著的特点。理赔工作人员必须对这些特点有一个清醒和系统的认识,了解和掌握这些特点是做好汽车理赔工作的前提和关键。

(1)被保险人的公众性。我国汽车保险的被保险人曾经是以单位、企业为主,但是,随着个人拥有车辆数量的增加,被保险人中单一车主的比例将逐步增加。这些被保险人的特点是他们购买保险具有较大的被动色彩,加上文化、知识和修养的局限,他们对保险、交通事故处理、车辆修理等知之甚少。另一方面,由于利益的驱动,检验和理算人员在理赔过程中与其在交流过程中存在较大的障碍。

(2)损失率高且损失幅度较小。汽车保险的另一个特征是保险事故虽然损失金额一般不大,但是,事故发生的频率高。保险公司在经营过程中需要投入的精力和费用较大,有的事故金额不大,但是,仍然涉及对被保险人的服务质量问题,保险公司同样应予以足够的重视。另一方面,从个案的角度看赔偿的金额不大,但是,积少成多也将对保险公司的经营产生重要影响。

(3)标的流动性大。由于汽车的功能特点,决定了其具有相当大的流动性。车辆发生事故的地点和时间不确定,要求保险公司必须拥有一个运作良好的服务体系来支持理赔服务,主体是一个全天候的报案受理机制和庞大而高效的检验网络。

(4)受制于修理厂的程度较大。在汽车保险的理赔中扮演重要角色的是修理厂,修理厂的修理价格、工期和质量均直接影响汽车保险的服务。因为,大多数被保险人在发生事故之后,均认为由于有了保险,保险公司就必须负责将车辆修复,所以,在车辆交给修理厂之后就很少过问。一旦因车辆修理质量或工期,甚至价格等出现问题均将保险公司和修理厂一并指责。而事实上,保险公司在保险合同项下承担的仅仅是经济补偿义务,对于事故车辆的修理以及相关的事宜并没有负责义务。

(5)道德风险普遍。在财产保险业务中汽车保险是道德风险的"重灾区"。汽车保险具有标的流动性强,户籍管理中存在缺陷,保险信息不对称等特点,以及汽车保险条款不完善,相关的法律环境不健全及汽车保险经营中的特点和管理中存在的一些问题和漏洞,给了不法之徒可乘之机,汽车保险欺诈案件时有发生。

2 车险理赔业务的操作流程

目前保险市场上各家保险公司所采取的机动车理赔流程大同小异,主要包括受理客户报案、进行调度、安排查勘人员进行现场查勘、对事故车辆进行定损、审核、搜集相关资料、理算、核赔、最后对客户进行赔偿给付七个主要环节。理赔业务操作流程如图1-1所示。

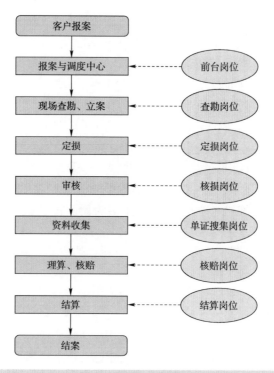

图1-1 理赔业务操作流程

二、任 务 实 施

项目1　车险理赔外勤业务简介

1　项目说明

车险理赔外勤业务就是从接到客户报案、进行调度、现场查勘、定损、理算、核赔、直到赔偿给付等理赔过程中需要外出进行的工作环节。

2　学习步骤

1）外勤与内勤岗位介绍

车险理赔主要涉及的岗位有接报案、调度、查勘、定损、核损、单证搜集、核赔、结算等。其中外勤岗位主要有查勘和定损,内勤岗位主要有接报案、调度、核损、单证收集、核赔和结算等。

2）外勤与内勤岗位之间的关系

接报案岗位主要负责接听报案电话和处理报案信息;调度岗位主要负责把案件委派给查勘定损人员;现场查勘是案件赔付证据搜集的重要手段,主要是在事故现场对事故相关信息进行查勘和取证,从而为准确立案、认定责任提供依据,为保险赔付、案件诉讼提供重要依据。定损是对事故损失进行评估,是理赔工作的核心环节。核损是对完成了查勘定损的案件进行定性和定量审核;单证搜集岗位负责搜集保险赔付需要的有关单证;理算工作是根据事故损失确定的结果,结合保险合同及相关赔偿规定计算保险赔款额,缮制赔款计算书;核赔是对整个案件的理赔工作做最后的审核;结案环节中完成案件卷宗,并移交财务支付保险赔款给被保险人。这些外勤和内勤岗之间相互链接、相互配合,共同完成理赔工作。

3）车辆保险事故现场查勘概述

（1）现场查勘的概念。现场查勘是指用科学的方法和现代技术手段,对车险事故现场进行实地验证和查询,并将所得的结果完整而准确地记录下来的工作过程。

（2）现场查勘的意义。

①现场查勘是重大交通事故案件刑事及民事诉讼程序的重要环节。交通事故立案、调查、提起公诉和审判,是刑事诉讼活动的四项程序。现场查勘是刑事诉讼第1、2道程序中的重要环节。因此,事故发生后,必须对现场、肇事车辆、物品、人员损伤、道路痕迹等进行现场调查。

②现场查勘是保险赔付的基础工作。对于保险车辆,一旦发生交通事故,就涉及赔付问题。只有通过第一现场的查勘才能确定事故的真伪、事故原因及事故态势,确定赔付的基本依据和确认是否为骗保案件。

③现场查勘是事故处理的起点和基础工作。只有通过严格细致的现场查勘,才能正确揭示事故的发生、发展过程;通过对现场各种物证痕迹等物理现象的分析研究,发现与事故

有关联的逐项内在因素。也只有通过周密的现场查勘、询问当事人、访问证明人等调查活动,才能掌握第一手材料,对案情做出正确的判断。有了正确的判断,就能正确认定事故责任,追究事故责任者的法律责任,维护受害人的正当权益。

④现场查勘是搜集证据的基本措施。证据是查明事故原因和认定事故责任的基本依据。车辆交通事故是一种纯物理现象,交通事故的发生必然引起现场内客观事物的变化,在现场留下痕迹物证。因此,对现场进行细致地、反复地查勘,把现场遗留下的各种痕迹物证加以认定和提取,经过检验与核实就成为事故分析的第一证据。

⑤现场查勘是侦破交通肇事逃逸案件的重要环节。现场是交通事故行为的客观反映。交通肇事逃逸的行为不可避免地引起现场各种交通要素的变化,留下痕迹和物品。通过现场查勘取得的各种痕迹证物等证据,是分析案情、揭露逃逸人的特征、侦破逃逸案件的重要依据。

(3)现场查勘工作流程。

①接到任务后,应立即与客户联系,确定事故的确切地点,及时赶到现场。

②到达现场后,应主动与客户沟通,了解事故的基本情况。

③拍摄现场照片。道路交通事故发生后,事故现场极易被破坏,所以查勘人员到现场与客户简单沟通后,应立即拍摄现场照片。

④核实相关信息,收取证据,疑难或重大案件进行现场询问记录。

⑤对保险事故作出"定性、定责"的判断。

⑥对保险事故各方损失作出初步定损。

⑦绘制现场图、撰写现场查勘报告。

⑧指导客户索赔,告别客户。

⑨回公司将案件资料上传理赔系统。

(4)车辆保险现场查勘工作要求。

①及时迅速。现场查勘是一项时间性很强的工作。要抓住案发不久、痕迹比较清晰、证据未遭破坏、证明人记忆犹新的特点,取得证据。反之,到案不及时,就可能由于人为和自然的原因,使现场遭到破坏,给查勘工作带来困难。所以,事故发生后查勘人员要用最快的速度赶到现场。

②细致完备。现场查勘是事故处理程序的基础工作。现场查勘一定要做到细致完备、有序,查勘过程中,不仅要注意发现那些明显的痕迹证物,而且,特别要注意发现那些与案件有关的不明显的痕迹证物。切忌走马观花、粗枝大叶的工作作风,以免由于一些意想不到的过失使事故变得复杂化,使事故处理陷于困境。

③客观全面。在现场查勘过程中,一定要坚持客观、科学的态度,要遵守职业道德。在实际中可能出现完全相反的查勘结论,要尽力防止和避免出现错误的查勘结果。

④遵守法定程序。在现场查勘过程中,要严格遵守《道路交通事故处理程序》和《道路交通事故痕迹物证勘验》的规定,要爱护公私财物,尊重被讯问、访问人的权利,尊重当地群众的风俗习惯,注意社会影响。

(5)车辆保险现场查勘工作的注意事项。

①查勘人员在现场查勘过程中应多听、多问、多记、多观察,多安慰客户,不得擅自对日

后的理赔情况进行表态或承诺,严禁未经公司许可与他人签署赔偿协议。

②现场查勘应确保"时"与"效",重点是"查"与"照"。"时"即赶赴现场的及时性,确保现场处于原始状态;"效"即通过"查"与"照"的相互印证,准确反映出本次事故及损失的原始面貌。"查"是为了确保两个真实,一个准确,即事故真实、损失真实、定损准确;"照"是用数码相机全面、客观、清晰的将事故及损失的真实情况及查勘过程反映出来。

③注意查找现场有关痕迹、物证及询问现场当事人或目击者,从中分析出险原因、过程,初步确定是否属于保险事故。

④详细记录事故现场有关物体的原有形态及相互位置关系,现场草图应参照交通事故处理部门的标准进行绘制,要求能全面反映事故车辆方位、道路情况、外界影响因素等,以便在必要时,可根据现场草图,进行现场复原。

⑤对可能涉及道德风险、责任免除、违反被保险人义务的案件应将调查取证工作作为现场查勘的重点,并注意及时取得书面证据,确保证据的有效性、合法性。

⑥凡有交警(盗抢险为公安机关)负责现场处理的案件,应在查勘报告中当场记录处理部门及处理人员情况,询问交警部门对事故责任的初步认定。现场已出具快速(或简易)事故证明的,需在查勘报告中当场记录事故证明的编号。

⑦查勘报告应现场缮制完成,对于有疑点或情况异常的地方要着重予以详细说明。并要求肇事驾驶员或被保险人现场签名确认。

⑧索赔须知应一式两份,一份现场送达被保险人或肇事驾驶员,另一份经被保险人或肇事驾驶员签收后作为查勘资料之一入档,作为日后资料接收的凭据。

4)车辆保险事故定损概述

现场查勘结束后,定损人员应会同被保险人一起进行车辆损失的确定,制作定损单。车辆的定损涉及维修和车主多方面的利益,同时也是保险公司车险理赔中最复杂的环节。要求估损人员掌握必要的物价管理知识、汽车结构及性能方面的专业知识和修理方面的专业知识,并且要具有丰富的实际操作经验,能准确认定车辆、总成和零件的损伤程度,适当掌握"修理和更换"的界限。估损人员应根据事故车辆的损伤情况,准确认定保险赔付范围及赔付方式。

事故车辆定损方式主要有以下三种。

(1)协商定损:即由保险人、被保险人、第三者及交警协商确定事故车辆的损失费用。

(2)公估定损:即由保险公估机构确定事故车辆的损失费用。

(3)专家定损:即由保险事故鉴定专家确定事故车辆的损失费用。

项目2 查勘定损服务礼仪学习

1 项目说明

查勘定损服务礼仪就是查勘定损人员在工作岗位上,通过言谈、举止、行为等,对客户表示尊重和友好的行为规范和惯例,是查勘定损人员在工作场合适用的礼仪规范和工作艺术,是体现服务的具体过程和手段,使无形的服务有形化、规范化、系统化。有形、规范、系统的服务礼仪,不仅可以树立查勘人员和公司良好的形象,更可以塑造受客户欢迎的服务规范和服务技巧,能让查勘定损人员在和客户交往中赢得理解、好感和信任。从而在一个较好的氛围中开展工作。

2 技术要求与标准

(1)查勘定损人员基本着装规范。
(2)查勘定损人员与客户沟通礼仪。

3 设备器材

(1)配有大镜子的礼仪教室。
(2)工装。

4 作业准备

服务礼仪工作情景。

5 操作步骤

1)着装礼仪

(1)服务号牌规范佩戴。工作人员上岗必须规范佩戴或摆放统一的服务标牌,值班领导(或大厅值班、咨询人员)须佩戴明显标志。

(2)统一着装,保持整洁。

工作人员要统一着装并做到以下几点。

①按统一规定的时间着装、换装。

②按统一规定内外配套着装,严禁混穿不同季节的服装,严禁制服便装混穿,严禁歪戴帽、卷袖口、敞衣扣。胸卡挂于上衣左口袋正中处。

③衣、裤口袋尽量不装物品,以免变形,影响美观。

④工作人员不允许穿拖鞋,应统一穿黑色皮鞋,皮鞋必须保持清洁明亮。

⑤男性工作人员应着深色袜子,女性工作人员应着白色袜子,避免露出袜口。

⑥窗口工作人员上班时不能戴袖套。

(3)发型自然,不染异色。

①男性工作人员要勤理发,不得留大鬓角、长发,不剃光头,不蓄胡须。

②女性工作人员可留各式短发,发型自然;留长发应将头发束起盘于脑后,佩戴发饰;有刘海长度应保持在眉毛上方。

(4)仪表大方,配饰得体。

①不得戴有色眼镜从事工作。

②女性工作人员不得佩戴过多或过于耀眼的饰物,每只手最多只能戴一枚戒指,不得留长指甲、染指甲。

③工作人员要保持面部清洁,不得文身、化浓妆。

2)沟通礼仪

(1)及时到达现场。到达事故现场后,立即下车微笑着走向客户,确认事故现场及客户身份并向客户做自我介绍。

动作:向客户问好并出示工作牌及名片。

要求:递送名片时,应将名片放置手掌中,用拇指压住名片边缘,其余四指托住名片反面,名片的文字要正对对方,然后身体前倾,用双手递过去。

单方事故:您好!请问您是×××先生/女士?我是×××现场查勘员,协助您处理现场。并用适当的语言进行安慰,如:"人没有受伤是万幸"、"请抓紧时间抢救受伤人员"、"对您的意外事故,我们深表同情!"

双方事故:你们好!我是查勘员×××协助您处理事故现场,这是我的工作牌。请问哪位是向我公司报案××××车牌(标的车牌)的驾驶员?

(2)未及时到达现场。

动作:到达现场后向客户行欠身礼,向客户致歉。

单方事故:×××先生/女士您好!我是查勘员×××,实在不好意思,因×××原因现在才赶到现场,让您久等了。

双方事故:你们好!我是查勘员,实在不好意思,因×××原因现在才赶到现场,让你们久等了。

要求:真诚、礼貌、消除客户不满情绪,不可以编造原因欺骗客户。

(3)处理现场。

动作:了解事故原因、出险经过。

话术:您好,请您述说一下事故发生的经过,便于我们帮您处理案件。

要求:此时应站在客户在左边与客户目视交流,不得低头。当对案件产生疑问时,不能对客户使用质问的口气。

动作:核对证件。

话术:×××先生/女士您好,为了保证您顺利理赔,麻烦您提供一下标的车行驶证,您的驾驶证,身份证,谢谢!

要求:必须使用礼貌用语,不得让客户感觉到有要求或命令的意味。

动作:核对车架号或铭牌。

话术:请问发动机罩拉手在什么位置?

要求:打开发动机罩的工作必须由查勘员来完成,在关闭发动机罩时动作不能过大,并检查是否关好。

动作:指引并指导驾驶员填写索赔申请书。

话术:×××先生/女士您好!请您先填写一下索赔申请书,有什么不明白或疑问都可以咨询我(指导客户填写)。请您(被保险人或标的车驾驶员)确认签名。

要求:解释清晰,耐心仔细。客户填写《机动车辆保险简易案件审批表》或《机动车辆保险索赔申请书》索赔信息,客户签名确认,查勘员填写查勘意见及损失情况,查勘员签名确认,拍摄上传案件,单证第一联交给客户索赔使用。

(4)填写现场查勘记录单及索赔须知。

动作:填写现场查勘记录单、索赔须知。

话术1:您好,请稍候,我现在为您填写现场查勘记录单。(填写完现场查勘记录单)请您(被保险人或标的车驾驶员)确认签名。

话术2:您好,您的车准备到哪一间维修厂维修?请您(被保险人或标的车驾驶员)确认签名。

要求:查勘员填写《现场查勘记录单》客户签名确认,填写《索赔指引》拍摄上传案件,单证交给客户。索赔须知中的维修厂按所附合作维修厂名单范围,依据维修原则进行维修。严禁查勘员坐在车上写单,而让事故当事人站在车外。

(5)现场定损。现场案件的表面受损、无隐损车辆,原则上要做到"见车定损",并要求标的或三者客户现场签名确认;如对配件价格无法确认的,可确定配件项目不确定价格,工时定损的方式操作,并标注待检项目,由客户签名确认。需跟进定损的车明确告知客户事故各方车辆。到维修厂时维修前通知我公司服务热线,跟进拆检定损。

动作:填写定损单或在索赔申请书上填写查勘意见及损失情况。

话术:您好,请稍候,我现在为您定损。(填写完)请您(被保险人、标的车驾驶员或三者驾驶员)确认签名,若在维修过程中发现隐损或修理厂对价格有异议请随时与我联系。

要求:解释清晰、耐心仔细。因保险人的要求不同或案件性质存在异议或承修单位不一,必要时须在查勘单上注明:最终价格依保险人核定为准;只作定损,不作索赔依据;此价格仅限4S店维修险人核定为准。

(6)完成现场查勘。

动作:结束所有现场查勘工作,离开现场。

话术:×××先生/女士,您好!本次现场查勘工作已经结束,谢谢您对我们工作的配合,请问您还有哪里不是很明白?如没有,因还有其他客户需要服务,我们就先走了!请您保留好相关单证和我的名片,届时,如您有什么疑问,可以随时打电话给我,谢谢!

要求:每次现场查勘完毕后必须要对客户做好索赔指引工作。

项目3 查勘定损职业道德学习

1 项目说明

查勘定损人员的职业道德是车险理赔人员在履行其职业责任、从事查勘定损过程中逐步形成的、普遍遵守的道德原则和行为规范,也是社会对从事车险理赔工作的人们的一种特殊道德要求,是社会道德在车险理赔职业中的具体体现。应当具备良好的职业素质,为人真诚,服务热情,处事公平。在查勘过程中尊重客观事实,不弄虚作假,不牟取私利。

2 技术要求与标准

查勘定损人员职业道德规范。

3 设备器材

(1)理实一体化教室1间或室外模拟现场。
(2)事故车辆1辆。

4 作业准备

车险事故模拟现场。

5 学习步骤

我国《公民道德建设实施纲要》指出:"职业道德是所有从业人员在职业活动中应该遵循的行为守则,涵盖了从业人员与服务对象、职业与职工、职业与职业之间的关系。"从本质上看,保险从业人员的职业道德是保险从业人员在履行其职业责任、从事保险从业过程中逐步形成的、普遍遵守的道德原则和行为规范;也是社会对从事保险从业工作的人们的一种特殊道德要求,是社会道德在保险职业中的具体体现。

近年来,在保险市场迅速发展的同时,也存在着部分保险从业人员职业道德缺失、执业行为不规范的现象。这些现象的存在,不利于保险业的诚信建设,不利于保险服务水平的提高,不利于保险业的长期健康发展。作为保险业诚信建设的重要组成部分,中国保监会在充分吸收业内外意见的基础上,制定并发布了《保险从业人员职业道德指引》(以下简称《指引》)。《指引》既广泛借鉴了保险市场发达国家的先进经验,又充分体现了我国保险业实际情况,是我国保险从业人员最基本的行为规范,也是指导保险从业人员职业道德建设的纲领性文件。

良好的职业道德是查勘定损人员应具备的首要条件。查勘定损和损伤鉴定工作与有关方面的经济利益直接相关。而查勘鉴定和损伤鉴定工作又具有相对的独立性和技术性,查勘、定损核价人员具有较大的自由掌握意见。一些不良的修理厂,甚至被保险人由于受到利益驱动,常常会对查勘、定损核价人员实施各种方式的利诱,希望查勘、定损核价人员与其合作虚构,谎报和高报损失,以获得不正当的利益。为此,要求查勘、定损核价人员具有较高的职业道德水平。

1) 守法遵规

守法遵规就是自觉遵守国家的法律,它是保险从业人员最基本的职业道德要求。作为保险从业人员最基本的职业道德规范,这里的守法遵规既不是"迫于约束",也不是"惧于刑罚",而是一种"自觉"和"自律"。市场经济是规则经济、法制经济,在保险从业过程中,如果不具备较高的规则意识和法律素质,就难以驾驭市场经济,就难以妥善处理各种经济关系和法律关系。保险从业人员在执业活动中既要遵守保险相关的法律法规,也要遵守行业协会有关保险从业的自律守则,同时还要遵守保险从业公司的有关管理规定。

(1) 以《中华人民共和国保险法》为行为准绳,遵守有关法律和行政法规,遵守社会公德。第一,《中华人民共和国保险法》是我国保险业的基本法,保险查勘与定损人员作为保险从业人员中一个特殊的职业群体,《中华人民共和国保险法》对其约束也必然构成对保险从业人员的约束。第二,《中华人民共和国保险法》明确了保险从业机构的法律地位并规定了保险从业人员的行为规范。如:"保险人和被保险人可以聘请依法设立的独立的评估机构或者具有法定资格的专家,对保险事故进行评估和鉴定。依法受聘对保险事故进行评估和鉴定的评估机构和专家,应当依法公正地执行业务。因故意或者过失给保险人或者被保险人造成损害的,依法承担赔偿责任。依法受聘对保险事故进行评估和鉴定的评估机构收取费用,应当依照法律、行政法规的规定办理。"第三,《中华人民共和国海商法》《中华人民共和国合同法》《中华人民共和国民法通则》和《中华人民共和国道路交通安全法》等与保险从业相关的法律法规,保险从业人员也必须遵守。第四,社会公德是社会生活中的三大道德领域之一,而遵纪守法又是社会公德规范的主要内容之一,因而,保险从业人员守法遵规也是遵守社会公德的具体体现。

(2)遵守保险监管部门的相关规章和规范性文件,服从保险监管部门的监督与管理。中国保险监督管理委员会作为我国保险业的主管机关,根据国务院授权履行行政管理职能,依照法律、法规统一监管中国保险市场。自1998年成立以来,中国保险监督管理委员会一直致力于健全和完善我国保险法律法规体系,加强依法行政。根据这一新的监管思路,仅2001年以来,就出台了一批规章和规范性条例。在这些规章中与保险从业有关和直接针对保险从业的主要有:《关于保险中介公司聘请会计师事务所进行外部审计有关问题的通知》《中国保险监督管理委员会关于保险代理公司、保险公估公司审批程序的公告》《关于贯彻执行保险中介机构管理规定有关问题的通知》《关于核发保险中介从业人员执业证书的通知》《财政部关于印发〈保险中介公司会计核算办法〉的通知》《保险违法行为处罚办法》和《保险从业机构管理规定》等,这不仅表明保险从业监管的进一步法制化,而且也对保险从业人员的行为规范作出了严格的规定。

2)专业胜任

作为一名保险从业人员,是否具备保险从业的特殊职业素质,能否胜任保险从业的专业性要求,主要是考察其是否具备保险从业的专业技能,具体要求如下。

(1)保险从业人员执业前取得保险监管部门规定的资格。鉴于保险从业的技术性和专业性,各国法律一般规定,保险从业人员应具备法律规定的条件,经过考核和政府主管部门的批准方能取得保险从业资格。我国对于保险从业人员同样也实行资格认证制度。首先应当通过中国保监会统一组织的保险从业人员资格考试,然后向保险监管部门申请领取《保险从业人员资格证书》。但需要特别指出的是:《保险从业人员资格证书》是中国保监会对保险从业人员基本资格的认定,并不具有执业证明的效力。

(2)保险从业人员应具备足够的专业知识与能力。保险从业业务的技术含量很高,要求从业人员:第一,要有扎实渊博的基础知识,如基础文化知识、政策法规知识等。第二,要有精熟透彻的保险专业知识、保险法律知识、保险专门知识等。第三,要有广博的与公估相关的专业技术知识。由于保险标的自身特性以及自然灾害或突发事故所涉及的物理、化学或生物过程,保险从业人员必须了解相关的工程技术领域的问题,了解各种公估对象在各种灾害下可能产生的后果,以及恢复它们的方法、损失的计算和灾害的预防等。但是,仅有很高的文凭、丰富的知识,却不能把专业知识运用于保险从业的实践中指导和提升自己的实践活动,增强解决实际问题的能力和技巧,也是徒劳的。因而要求保险从业人员还必须具备运用知识解决问题的能力。这些能力包括:保险从业的基本技能、风险管理能力、把握市场的能力、客户关系管理能力、公关交际能力和开拓创新能力等。

3)客观公正

客观公正是保险从业人员职业道德的外在表现。它要求保险从业人员"在执业活动中以客观事实为根据,采用科学、专业、合理的技术手段,得出公正合理的结论"。

保险从业业务虽然只受一方委托，但它却往往涉及好几方的利益。甚至一个小小的委托案件，也会使众多利益方纠缠在一起，他们都希望保险从业人员以最有利于他们的方式定损，甚至在必要的时候还会行贿——以小利谋大利。这时保险从业人员应坚持原则，秉公办事，不偏不倚，不谋私利。要注意抵制来自外界的干扰和压力，抵制来自外界的诱惑和刺激，防止陷入委托方内部人与人之间、部门与部门之间的纠纷之中。

客观公正的职业道德的具体要求如下。

(1) 秉公办事，不徇私情。保险从业人员在从业过程中要做到客观公正，在处理保险从业业务时要秉持公正的立场，不徇私情。对委托人所委托的公估事项进行科学的调查、测定、分析，从而得出公正的结果。

(2) 对客户一视同仁，照章办事。保险从业人员在从业过程中，要如实、客观地反映实际情况，在处理某种业务或形成某种见解之时，不应受外界影响，也不应迁就任何个人或集体的片面要求。

(3) 分析资料要真实可靠。保险从业人员在理算时所采用的数据、资料必须是在现场查勘的基础上得到的客观、真实、可靠的资料。在现场查勘前，要先调查了解，掌握被保险人客观而全面的资产数据资料，而后再综合分析损失发生原因、经过及标的损失情况。在对保险资产及受损标的进行检验时，保险从业人应依据出险现场的情况，实事求是地进行清点、勘验和鉴定，不能有丝毫的主观隐瞒与串通等行为。

4) 友好合作

友好合作是指保险从业人员在从事保险从业业务时，既要与其他关系方保持密切友好的合作关系，也要与保险从业内部人员保持融洽和谐的合作关系。良好的合作性是保险从业业务取得圆满成功的必要前提，也是对保险从业人员职业道德的基本要求。

(1) 对外友好合作。在执业活动中，保险从业人员不仅要与保险人、被保险人等有关各方友好合作，确保执业活动的顺利开展，还要与保险经纪机构和保险从业机构友好合作、共同发展。

保险从业人员要在较短的时间之内查明保险事故发生的经过、近因、确定损失程度的大小、理赔数额的大小等，必须紧紧依靠有关方面的密切合作，否则将举步维艰。因此，保险从业人员与其他关系方之间能否相互尊重，密切配合，这绝不是礼仪上的需要，而是顺利完成保险业务的基本条件。为此，保险从业人员要具有谦虚谨慎的品质和作风。保险从业人员和其他关系方虽然是处于平等的地位，但是对保险从业人员来说，应主动地和其他关系方协商，在进行现场测定和资料分析时，应当主动邀请相关方的有关人员一起测量和分析。在公估分析和结论与相关方的预测数据不一致时，要耐心地讲解和比较，让他们能够充分理解保险从业人员的观点和看法。保险从业业务的完成，必将是多方通力合作的结果。这样，各关系方就会心悦诚服地接受保险从业结论。

(2) 内部友好合作。保险从业人员不仅要善于同受托业务关系方的有关人员密切配合，而且还要善于在保险从业小组内部相互合作。尤其当保险从业小组人员较多时，合作、协调工作就更为重要。具体而言，要求做到：统一布置、分头调查、汇总求证、组长决策。这十六个字既体现保险从业小组组长的权威和职责，也体现了集体的智慧和每个公估人员的主观能动性。

另外,各保险从业机构在竞争中是对手,但作为同一行业,各自又互为协作伙伴。因此,保险从业人员在公估活动中,也应加强同业间的交流与合作,实现优势互补、共同进步。

5) 保守秘密

保险从业人员在执业活动中不仅对所属保险从业机构负有保密义务,对理赔业务涉及相关各方也负有保密的义务。

保险从业人员在从业过程中,不将有关涉及商业机密的信息向外透露,未经批准,不向外人或内部无关人员展示本机构的文件或资料,不向新闻媒体提供未公开的公司信息,不复印标有"绝密"、"秘密"、"商业机密"、"内部资料"、"注意保存"等密级字样的资料。应对从业过程中所获知的相关各方的信息尽保密责任,非因业务正当需要不得泄露,更不得用以为自己或他人谋取不正当的利益。否则,将会影响工作的公证、合理和快速。

项目4 现场查勘前的准备工作

1 项目说明

接到报案电话后,查勘人员要及时赶到现场。出发前需适当做一些准备。上班前的检查和准备工作是查勘工作的基础,需要养成习惯,良好的习惯是保险查勘定损工作顺利开展的重要因素。同时,为保障查勘人员生命安全,尤其要重视查勘车辆安全性能的检查。本项目根据学习任务1设计的情境,进行现场查勘前的准备工作。

2 技术要求与标准

(1) 受调度与赶赴现场时与被保险人沟通的标准话术。
(2) 事故查勘准备工作操作规范。

3 设备器材

(1) 理实一体化教室1间或室外模拟现场。
(2) 事故车辆1辆。
(3) 数码照相机、录音笔、通信手机、探照灯、写字板、签字笔、印泥、笔录专用纸、卷尺、名片等若干。

4 作业准备

(1) 车险事故模拟现场。
(2) 数码照相机、录音笔、手机处于可正常使用状态。

5 学习步骤

1) 查勘前设备与用品的准备

在赶赴现场之前,必须携带必要的查勘工具和救护用具,准备好查勘单证及相关资料。

(1) 查勘设备。查勘车辆、数码照相机、录音笔、手机、探照灯、写字板、签字笔、印泥、笔录专用纸、卷尺、名片、地图、三角尺、游标卡尺、指南针、水杯等。

(2)携带的查勘单证。《索赔申请书》、《机动车辆保险索赔须知》、《机动车辆保险事故查勘报告》及附表、《机动车辆保险事故案情询问笔录》及附页等。

(3)常用药品。有条件的部门可常备一些创可贴、云南白药、纱布等常用药具。

2)接受查勘调度及案件资料准备

(1)接受调度时,查勘人员应该主动向调度人员获取案件资料:

①保险期限。查验保单,确认出险时间是否在保险期限之内。对于出险时间接近保险起止时间的案件,要作出标记,重点核实。

②承保的险种。查验保险记录,重点注意以下问题:车主是否承保了第三者责任险?对于报案称有人员伤亡的案件,注意车主是否承保了车上人员责任险,车上人员责任险是否为指定座位?对于火灾引发的车损案件,是否承保了自燃损失险?对于与非机动车的碰撞案件,是否承保了无过失责任险?

③保险金额、责任期限。注意各险种的保险金额、限额,以便查勘时心中有数。

④缴费情况。注意保费是否属于分期付款?是否依据约定缴足了保费?

(2)接受调度时,查勘人员处于不同工作状态时的处理方式:

①接到客服中心调度时,查勘员不在现场查勘过程中,应及时在接案登记表上详细记录相关案件信息(委托单位、案件编号、车牌号、车辆型号、联系人及电话、出险地点、事故情况、承保情况等调度员告知的其他信息)。在接案后3min内与客户取得联系,了解事故详细地点和简单经过,告知预计到达时间,向客户简单介绍查勘人员到达前的事故处理方法。

②接到客服中心调度时,查勘员正在事故现场查勘时,如事故现场在短时间内能处理完毕,并能赶赴下一个事故现场。在接案后3min内与当事人取得联系,安抚客户情绪,向客户简单介绍查勘员到达前的事故处理方法,并告知预计到达时间。

③查勘员接案后无法联系客户或经联系客户所掌握的案件信息与报案信息有严重出入的情况,应即刻反馈客服中心进行核实。

④查勘员估计不能在规定时间内到达现场或因不可抗力无法到达现场时,应及时反馈给客服中心并与报案人联系说明情况。

3)赶赴现场

查勘员赶赴现场过程中要及时和当事人保持联系,估计不能在规定时效内到达现场或因不可抗力无法到达现场时,应及时与客户和客服中心反馈,请求调度中心指示。

三、学 习 评 价

1 理论考核

1)选择题

(1)汽车保险理赔的意义在于(　　)。

　　A. 经济补偿　　　　　　　　B. 安定人民生活,保证社会再生产持续进行
　　C. 企业自身经济效益　　　　D. 以上答案都正确

(2)在汽车保险理赔时,应遵循的原则包括(　　)。

A. 重合同、守信用原则　　　　　　B. 坚持实事求是的原则
C. 主动、迅速、准确、合理的原则　D. 以上答案都正确

(3) 属于现场查勘准备的工作内容的是(　　)。
　　A. 查勘设备　　B. 查勘调度　　C. 相关单证　　D. 以上答案都正确

(4) 下列岗位是理赔外勤岗位的是(　　)。
　　A. 核损　　　　B. 前台　　　　C. 查勘　　　　D. 结算

(5) 有关车辆定损描述正确的是(　　)。
　　A. 修理范围仅限于本次事故中所造成的车辆损失
　　B. 能修理的零部件,尽量修复,不要随意更换新的零部件
　　C. 准确确定工时费用
　　D. 以上答案都正确

(6) 事故车辆定损方式有(　　)。
　　A. 协商定损　　　　　　　　　B. 公估定损
　　C. 专家定损　　　　　　　　　D. 以上答案都正确

(7) 以下哪一项不是车险理赔的特点(　　)。
　　A. 标的流动性小　　　　　　　B. 损失率高且损失幅度较小
　　C. 道德风险普遍　　　　　　　D. 受制于修理厂的程度较大

(8) 客户报案后,保险公司应查核保单信息,即根据保单号码,查询保单信息,核对承保情况。其工作内容包括(　　)。
　　A. 查明投保人投保了哪些险种　B. 是否存在不足额投保
　　C. 是否已经缴费　　　　　　　D. 以上答案都正确

(9) 车辆定损时,应注意的问题有(　　)。
　　A. 应注意区分本次事故造成的损失和非本次事故造成的损失
　　B. 应注意区分事故损失与机械损失的界限
　　C. 受损车辆解体后,如发现尚有因本次事故损失的部位没有定损的,经定损员核实后,可追加修理项目和费用
　　D. 以上答案都正确

(10) 查勘时携带的查勘单证有(　　)。
　　A.《索赔申请书》　　　　　　　B.《机动车辆保险索赔须知》
　　C.《机动车辆保险事故查勘报告》　D. 以上答案都正确

2) 思考题

接受查勘调度时,查勘员处于不同工作状态时应采取怎样的处理方式?

2 技能考核

技能训练题:完成现场查勘前的准备工作

【实训目的】

2012年7月28日15时52分左右,长张高速公路上,一辆重型货车由长沙驶往张家界方向,在途经一入口处时,突然失控,与现场正在行驶的两辆车发生连环碰撞事故。请完成

对本起交通事故现场查勘前的准备工作。

【实训内容与要求】

(1)技能训练方式:以小组为单位,各小组分别完成查勘前的准备工作。

(2)技能训练任务要领:熟悉现场查勘前技术要求和准备工作。

【实训步骤】

(1)分组。将教学班级以6人为标准分为不同的学习小组。

(2)演练。各小组分为三部分,一部分成员根据学习任务1中的交通事故进行现场查勘前的准备工作,另一部分成员扮演被保险人,其他成员对现场查勘前的准备工作过程进行记录与分析。

(3)研讨。以学习小组为单位组织研讨,在充分讨论基础上,形成小组的课题报告,并制作PPT进行汇报。

(4)点评。同学互评,教师点评,然后综合评定本次实训各学习小组的成绩。

学习任务 2　车险事故现场查勘

学习目标

1．能够独立完成车险事故现场查勘整个流程的工作；
2．能够根据不同案情搜集完整的事故信息；
3．能够根据不同案情灵活使用现场查勘方法与技巧；
4．能够确保现场查勘中"定性、定责、定损"的准确性。

学习时间

24 学时。

工作情境描述

2012 年 2 月 10 日 13 时 55 分某保险公司查勘员金某某在做好充分的查勘准备后，立即赶往长沙市劳动路对事故车湘 A123××的事故现场进行查勘取证，以确保及时准确查勘后，该事故能迅速进入理赔流程中的后续环节，被保险人可以尽快获得保险赔付。

学习引导

到达现场 → 拍摄现场照片 → 确认保险标的 → 查验信息取证 → 定性定责定损 → 索赔指导

一、知 识 准 备

1　车辆保险事故

车辆保险事故是指保险合同中载明的危险发生后，造成损害或伤害后果的意外事故。车辆保险事故根据不同的角度可以分类如下。

1）根据车辆事故发生地点分类

根据车辆事故发生地点分为道路交通事故和非道路交通事故。

(1)道路交通事故:即在道路上发生的交通事故,《中华人民共和国道路交通管理条例》中对道路的规定是"公路、城市街道和胡同(里巷),以及公共广场、公共停车场等供车辆、行人通行的地方"。

(2)非道路交通事故:凡不在公路、城市街道和胡同(里巷),以及公共广场、公共停车场供车辆、行人通行的地方使用保险车辆过程中发生的事故。例如在铁路道口、渡口、机关大院、农村场院、乡间小道上发生的与机动车辆有关的事故。根据车辆保险合同规定,这两类事故均属于保险责任范围。

2)按事故中涉及车辆数量分类

按照事故中涉及车辆数量分为单方事故和多方事故。

(1)单方事故:仅有一辆被保险车辆,而无其他机动车参与导致损害或伤害后果的意外事故,称为单方事故,如被保险车辆与线杆、护栏、树木、房屋等发生的事故。

(2)双方(多方)事故:被保险车辆与其他一辆或多辆机动车之间发生保险合同约定的危险,而造成损害或伤害后果的意外事故,称为双方(多方)事故,如两车相撞、三车追尾等事故。

在保险理赔工作中,还有一种"无法找到第三者"的事故,该事故损失应该由第三方赔偿,但却无法找到第三方。常见的有标的车停放中被不明物碰撞(简称为"停放被撞"案件)、标的车停放中被砸等事故,这类事故属于单方事故中的特殊形式。

3)按事故形态分类

按事故形态分为碰撞事故、碾轧事故、刮擦事故、倾覆事故、坠落事故、爆炸事故、火灾事故、水灾事故。

(1)碰撞事故:指被保险机动车与外界物体直接接触并发生意外撞击,产生撞击痕迹的事故。包括被保险机动车按规定载运货物时,所载货物与外界物体的意外撞击事故。按照接触方向的不同可分为:正面碰撞、追尾碰撞、斜向碰撞、侧面碰撞,还有一种是仅由一辆被保险车辆与外界物体发生碰撞。

(2)碾轧事故:被保险机动车轮胎对高度较低的对象冲击并碾压造成损害的事故。在发生碾轧前多先发生车辆对被碾轧对象的碰撞或刮擦,使被碾压对象被碰撞或刮擦倒地后再发生碾压。

(3)刮擦事故:事故双方相互接触,并因接触部位的相互摩擦、勾刮现象造成损害后果的事故,刮擦事故多发生在车辆与车辆、车辆与行人之间。

(4)倾覆事故:指由于意外导致被保险机动车车身沿纵、横向倾翻或滚动(两轮以上离地、车体触地),并与地面或其他物体发生撞击、摩擦造成损害的事故。

(5)坠落事故:指被保险机动车在行驶中发生意外,整车腾空后下落,造成本车损失的事故。

(6)爆炸事故:指被保险机动车在使用过程中由于车辆自身(包括车辆装运的物品)发生意外爆炸或外界物体爆炸引发车辆爆炸,造成损失的事故,单纯的车辆轮胎爆破不属于爆炸事故。

(7)火灾事故:指被保险机动车本身以外的火源引起的、在时间或空间上失去控制的燃烧(即有热、有光、有火焰的剧烈的氧化反应)造成损失的事故。

（8）水淹事故：指被保险机动车遭受水淹造成损失的事故。

4）按照事故的性质、损失及对行车造成的影响分类

按照事故的性质、损失及对行车造成的影响分为轻微事故、一般事故、重大事故、特大事故，各家保险公司或事故损失评估单位的区分标准有不同，本教材依据大多数保险机构的标准划分如下。

（1）轻微事故：一次造成轻伤1~2人或无人伤，或者财产损失中机动车辆损失不足1000元，非机动车财产损失不足200元的事故。

（2）一般事故：一次造成重伤1~2人或者轻伤3人以上，或者财产损失不足3万元的事故。

（3）重大事故：一次造成死亡1~2人，或者重伤3人以上10人以下，或者财产损失3万元以上不足6万元的事故。

（4）特大事故：一次造成死亡3人以上，或者重伤11人以上；或者死亡1人，同时重伤8人以上；或者死亡2人，同时重伤5人以上；或者财产损失6万元以上的事故。

2　车辆保险事故现场

车辆保险事故现场是指保险事故发生并留下后果的具体场地，它包括与该起事故相关的车辆、人、畜及各种痕迹物证所占有的一切空间，是保险事故调查中最主要的事故信息来源。根据事故现场是否保持完好分为原始现场和变动现场。

1）原始现场

原始现场是指完全没有被改变或破坏的事故现场。在现场中车辆、人、畜和一切与事故相关的痕迹、物证均保持事故发生后的原始状态，是一种最可靠的现场类型，也就是保险理赔流程中所指的"第一现场"。

2）变动现场

变动现场是由于某种人为或自然的原因，致使现场的原始状态发生了改变的事故现场。变动现场又可分为正常变动现场、伪造现场、逃逸现场、恢复现场。

（1）正常变动现场——在自然条件下非人为地改变了原始状况或不得已而在不影响查勘结果的前提下人为地、有限度地改变了原始状态的事故现场。正常变动现场的几种情况：

①由于风吹、雨淋、水冲、雪埋、日晒等自然条件的影响，导致现场痕迹、物证的消失或破坏；

②由于围观群众及事故当事人的不慎，非有意识地造成了现场状态的改变；

③为抢救伤者而移动了车辆、散落物和伤者的位置；

④执行任务的消防、救护、警备、工程救险车及首长、外宾、使节乘坐的汽车在事故发生后，因任务需要驶离了现场；

⑤一些主要交通干道或城市繁华街区发生道路交通事故后，造成交通堵塞，需立即排除而移动了车辆及其他物体；

⑥其他正常原因导致出险现场变化的，如车辆发生事故后，当事人没有发觉而驶离现场。

在现场查勘过程中,对因正当理由而人为变动现场状态的应有必要的记录说明;对自然原因或无意识人为破坏的情况,应尽量查明原因并做好记录。

(2)伪造现场——当事人为逃避责任、毁灭证据或达到嫁祸于人的目的,有意或唆使他人改变现场遗留物原始状态,或有意布置伪造现场。伪造现场通常呈现出一定的特征,如事故诸元素的表象不符合事故发生的客观规律,物体的位置与痕迹的形成方向存在矛盾等。查勘人员深入细致地进行调查研究和分析,就可以发现其中的漏洞,从而识别出现场的真伪。

(3)逃逸现场——肇事者为逃避责任,驾车潜逃导致现场变动,其性质与伪造现场相同。

(4)恢复现场——事故现场因某种原因撤离后,基于事故分析或复查案件的需要,为再现出险现场的全貌,根据现场调查记录资料重新布置恢复的现场。

由于车险事故的多样性与复杂性,本书将事故现场查勘分为一般车险事故查勘、水淹车事故查勘、火烧车事故查勘、盗抢事故查勘、疑难事故查勘五个部分进行学习。在本学习任务中重点介绍一般车险事故的查勘流程与技巧,水淹车事故、火烧车事故、盗抢事故查勘方法与技巧的学习在本学习任务的"拓展学习"中完成,疑难事故的查勘方法与技巧的学习在本教材"学习任务4 判断真伪事故现场"中完成。

二、任 务 实 施

随着车险案件量的迅速增长,查勘员操作的规范性对车险整体理赔的影响日趋显著。目前各家保险理赔机构中查勘员的操作习惯千差万别,理赔习惯也不尽相同。本学习任务在参考多家保险公司现场查勘工作流程与操作规范的基础上,整合出包含七个工作步骤的环节设计合理、可操作性强的工作流程用于学生学习。

项目1 到达现场

1 项目说明

车险事故发生后,被保险人的报案信息会由调度员发送给指定的现场查勘员,查勘员接到任务后应及时赶赴现场。到达现场后,查勘员应向当事人表明身份,按照现场查勘服务规范和车险事故现场分类要求了解事故经过,核实事故是否与报案记录一致。如果保险标的尚处于危险中,应立即协助客户采取有效的施救和保护措施,以避免损失的扩大。

本项目结合学习任务1设计的情境,学习到达标的车湘A123××的事故现场并了解事故经过的工作。

2 技术要求与标准

(1)现场查勘服务规范中与被保险人沟通的标准话术。

(2)机动车辆事故分类现场查勘中的事故信息要素。
(3)事故施救操作规范。

3 设备器材

(1)理实一体化教室1间或室外模拟现场。
(2)事故车辆1辆。
(3)数码照相机、录音笔、手机若干。

4 作业准备

(1)车险事故模拟现场。
(2)数码照相机、录音笔、手机处于可正常使用状态。
(3)施救单位联系方式(联系人、联系电话)。

5 操作步骤

1)查勘员接受任务

查勘员接受调度员的派案,应在接案登记表上详细记录相关案件信息,如委托单位、报案号、标的车牌、标的车型号、联系人姓名及联系方式、出险地点、事故经过、承保情况以及调度员告知的其他信息。按照服务规范的要求,查勘员要及时(大多保险理赔部门要求在5min内)与客户联系,大概了解事故现场情况,明确告知自己现在所在位置和预计到达现场的时间。同时要安抚客户情绪,简单指引客户在查勘员到达事故地点前的事故处理方法。

标准话术如下。

金某某:您好,是张某某先生吗?我是××保险公司的查勘员金某某,请问您的具体位置在哪?请保护好现场,注意安全。请您稍候,我们大约××分钟就到。如有需要请用这个号码及时与我联系。

如查勘员短时间内无法到达查勘地点,需向客户说明情况,取得客户的谅解;查勘员接案后无法联系上客户或查勘员预计不能在规定时效内到达现场、因不可抗力的因素导致无法到达现场时,应及时反馈调度中心,必要时与站点负责人联系,等候处理意见。

2)到达现场,确认客户并表明自己身份,了解事故经过

查勘员到达现场首先表明自己身份,某些保险公司要求查勘员递交名片并开始录音。

(1)事故双方沟通。

金某某:您好,请问哪位是张某某先生?让您久等了,我们是××保险公司的查勘员,我是金某某,这是我同事孙某某。这是我们的名片,我们将为您提供本次的查勘理赔服务。

张某某(带有着急的表情):你们来了太好,我现在该怎么办?

金某某:请您先讲述一下事故经过好吗?

张某某:是这样的,我刚刚开自己的车在这里直行,旁边那辆车突然冲出来,我根本来不及让开,两辆车就撞在一起了。

金某某:根据你的描述是对方车辆突然从路边出口开出来,当时你的车行驶到哪个位置?还要麻烦你告诉我事情发生的具体时间!

张某某:事情大概就是半小时前,一点半左右,当时我的车刚开到路口,对方就直接开出来撞到我的前轮上了。

金某某:那么现场有没有人受伤?你的车是撞到哪个地方了?有没有其他物品受损?

张某某:没有人受伤,也没有其他物品损坏,就是我们两个的车撞坏了。

金某某:我知道了,你别着急,我马上处理。

(2)非正常现象的处理技巧。

对于一般的事故现场,查勘员需要向客户了解的内容包括:事故时间、地点、原因、经过、损失情况。非正常现象的处理技巧如下:当向当事人和目击者了解事故经过,发现与报案记录不一致或是与执法部门的事故证明(如交警部门出具的事故责任认定书)不一致,对于不符合之处需查明原因并作记录,同时立即反馈调度中心进行核实。当事人因故离开,留在现场的是朋友或同事等协助处理案件的其他人,查勘员应该要求留在现场的人员提供当事人的电话并与之沟通,了解情况。

3)现场施救

到达现场后如果发现事故尚未控制或保险车辆及财产尚处于危险状态,查勘员应积极帮助客户保护客户财产,抢救伤员,体现对客户的关爱;消除危险因素,避免损失的扩大,如水淹车、火烧车等应指引或协助客户进行排水、灭火等施救工作。如遇特殊案件,查勘员还应该协助客户及有关人员向事故处理机关报案,如"人伤"案件和损失较大案件应协助客户报执法部门处理。张某某先生的车险事现场已无任何危险因素,无施救的必要,此处以另一个车险事故为例来介绍查勘员在现场如何协助施救工作。

(1)事故简介:2011年10月3日,标的车在某地行驶拐弯时,后部不慎与三者车的右边货物发生刮擦,导致三者车上装载的货物受损。由于事故刮擦点位于货物的中间位置,上面的货物因此也随时可能跌落而受损,必须马上施救。

(2)事故施救。

这种事故施救并不复杂,一是请到人员帮助卸货,二是找到合适的货物存储仓库将未受损的货物妥善保管。在任何事故现场施救过程中,查勘员都应该以协助的身份而不是主体的身份参与,主要的工作内容有三个:一是根据自己的从业经验给出施救方案和建议;二是在客户的要求下提供社会施救机构名单、联系方式、施救收费标准等;三是告知客户施救中"必要"与"合理"原则、车险合同中有关施救的条款、保险公司施救费用相关政策,该案件查勘员金某某做到以上三点即可。

(3)常见事故施救的进程。

了解施救的工具,如拖车的吨位的大小、行驶里程、吊车的吨位大小、施救是否恰当,都有哪些车、物被施救,施救是有偿还是无偿,施救过程有无扩大损失。

驾驶人员有救援需求的,查勘定损人员在征得客户同意后应主动与合作的查勘救援服务中心联系(需各分公司上报救援方案),及时安排救援车辆,将出险车辆拖到离出险地较近的查勘点或客户指定的修理厂。

项目2 拍摄现场照片

1 项目说明

保险车辆一旦发生事故,在现场必然会留下各种痕迹物证,这些痕迹物证是确定事故真伪、事故原因及事故态势的基本依据,更是事故损失能否获得保险赔偿的重要物证。但是由于事故现场很难保持、稍纵即逝,所以查勘人员在了解事故概况后应当马上拍摄现场照片,用数码照相机全面、客观、清晰的将事故与损失的真实情况记录下来。现场拍摄所得的照片,是赔款案件的第一手资料,是车险事故所有物证中最重要的部分。

本项目结合学习任务1设计的情境,对标的车湘A123××的事故现场进行拍摄。

2 技术要求与标准

(1)事故现场照片必须是清晰的彩色照片,带有拍摄日期。
(2)每张照片都应含有不同的信息要素,能从某个特定的方面说明事故现场情况。
(3)每张照片都应根据拍摄目的选择正确的拍摄方法和角度。
(4)全部照片拍摄顺序合理,数量适中、能准确全面地反映事故情况。

3 设备器材

(1)理实一体化教室一间或室外模拟现场。
(2)事故车辆一辆。
(3)数码照相机、用以测量并说明碰撞位置的卷尺、手电筒等。

4 作业准备

(1)车险事故模拟现场。
(2)数码照相机、手电筒、卷尺处于可正常使用状态。

5 操作步骤

现场照片是保险事故现场的真实记录,力求清晰、准确、全面。在照片内容方面既要有反映事故现场全貌的照片,又要有反映损失具体状况的照片;在照片顺序方面,为了核损核价、核赔人员审阅案件的顺畅以及体现查勘人员工作的逻辑性,现场照片的拍摄必须遵循从远渐进、从宏观到微观的基本原则,通常拍摄顺序为"现场全景拍摄→中心拍摄→细目拍摄→单证拍摄→人车合影"五个步骤。

在每个拍摄步骤中既有相同的基本要求,也有不同的内容和拍摄手法要求。应该从三个方面来考核查勘员现场照片拍摄合格与否:一是拍摄基本要求是否达到;二是照片内容反映的要素是否全面准确;三是拍摄方法能否充分体现照片内容。

1)掌握基本拍摄技术

(1)数码照相机使用前准备。启动数码照相机,检查电池的容量,根据拍摄的时间需要准备电池;检查存储卡的容量(虽然照片可以删除,但考虑到实际需要,还是要提前检查);如果长时间没有使用数码照相机,要检查数码照相机的各功能是否正常;用不同的模式随意拍摄几张照片,检查拍摄效果;检查镜头是否清洁,如果有污点会影响拍摄效果。

(2)数码照相机操作姿势。尽管现在的数码照相机大多都有防抖功能,但操作姿势不正确,会导致数码照相机不稳,拍摄效果仍然不好(图2-1),光学防抖配合正确的握持姿势,可以保证照片的清晰度(图2-2)。

图2-1　不正确的数码照相机操作姿势　　　　图2-2　正确的数码照相机操作姿势

(3)数码照相机设定。照相机的日期顺序调整为年、月、日,显示日期必须与拍摄日期一致;数码照相机像素调整为480×640,照片大小不超过150k,有特别要求的除外;没有特殊要求,把数码照相机设为自动(AUTO)模式,在自动模式下,数码照相机会根据实际情况自动调整各功能参数。

(4)通常拍摄程序。在自动(AUTO)的模式下,一般操作程序为:启动数码照相机,把镜头对准要拍摄的物体,轻轻按下快门按钮,按下时手应该保持在按下的状态,不要松手,这是因为大部分的数码照相机快门都是两极的,在第一次按快门时力度不应过大,这时数码照相机进入自动对焦和自动调整状态,当对焦完成后数码照相机的显示屏会有相应的闪动图标提示,这时可以加大力度将快门按下去,直到数码照相机的闪光灯闪一下或有"咔嚓"的响声再松手,此时一张照片就拍到了。将数码照相机的模式置于浏览的状态,在数码照相机的显示屏观察拍摄的效果。

(5)现场拍摄的基本技巧。

①现场拍摄取景。所谓取景,就是根据拍摄目的和要求,确定拍摄范围和拍摄重点、选择拍摄角度和距离的过程。简单地说就是选择和确定能最充分地反映拍摄目的和要求、突出主体物的拍摄。取景有以下要点。

a.拍摄距离。拍摄距离是指拍摄人立足点和被拍摄物体之间的距离。拍摄距离远则拍摄范围大,但物体影像小,宜于表现大场面。拍摄距离近则拍摄范围小,但物体影像大,宜于表现现场细节。通常在现场拍摄时用远距离拍摄来表现概貌(有时距离可达到10m以外)(图2-3),用近距离拍摄或特写照片来体现局部较小物体及某些痕迹(图2-4)。

b.拍摄角度。拍摄角度是指拍摄立足点与被拍物体的上下和左右关系,上下关系分俯拍、平拍、仰拍。

俯拍即拍摄时数码照相机的位置高于物体,从上向下拍摄。其特点是视野辽阔,能见的场面大、景物全,可以纵观全局。这种方法在现场查勘中多用于拍事故概况或事故损失范围,尽可能全面反映事故要素和损失情况,如图2-5a)的照片利用俯拍可以清晰反映事故车前部的全部损失情况;平拍即数码照相机与被摄物体大致在一个水平线上。这种角度接近人眼的习惯印象。平视构图的特点是透视效果好，一般不易产生变形，可以准确地反映事故真相。现场查勘中最常用到这种拍摄角度，如图2-5b)的照片利用平拍可以清晰反映出事故双方的碰撞点大致在同一水平面上；仰拍是从下向上拍摄，数码照相机低于被拍摄物体，可舍弃杂乱的背景，使画面简洁，主体突出。这种方法在现场查勘中多用于拍摄事故损失，尽可能清晰反映某项损失的程度，如图2-5c)的照片利用仰拍突出反映了事故车辆底部的受损情况。

图2-3　远距离拍摄体现事故现场全景

图2-4　近距离拍摄体现事故现场细节

a)俯拍

b)平拍

c)仰拍

图2-5　俯拍、平拍与仰拍

拍摄角度的左右关系分正面拍摄和侧面拍摄。正面拍摄，即从被拍摄现场或物体的某一面正向取景，可以很清晰地反映该面的全部情况，在现场查勘中常用拍摄事故某一具体损失项目，以反映该项目的损失程度。但正面构图缺少透视感，容易呆板，无法反映其他面的情况，在事故现场拍摄中多使用侧面拍摄。侧面拍摄，即从被拍摄物体的某一个面选取一定的角度（通常是45°）取景，这样的拍摄角度立体感强，能产生空间感和线条透视的效果，能在一张照片中反映物体多个面的情况，加大照片的信息量，如图2-6a)的照片仅反映出事故的碰撞点在车辆的右前部位，图2-6b)的照片则不仅反映了碰撞点，而且还更多地反映出车辆右前部位的受损范围和程度。

拍摄角度的选择主要服从于内容的需要，哪一方面最能体现被拍摄物体的特征，就在哪个位置拍摄。

c.光照方向及角度。光照方向就是指光线与数码照相机拍摄方向的关系，所谓光照角度是指光线与被照射物体的上下左右关系，有顺光、侧光和逆光之分。

 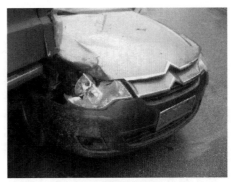

a)正面照片　　　　　　　　　　　　　　b)侧面照片

图2-6　正面照片和侧面照片

顺光,即数码照相机面对的方向与光源照射的方向一致。在顺光拍摄下物体的正面基本上直接受光,光线效果均匀,照片清晰;侧光,即数码照相机的方向与光源的角度,例如处于90°的情况(当中的角度当然可以变化),在侧光拍摄下,往往会出现部分范围受光的情况,其余范围则处于阴影之下;逆光,即顺光的相反情况,在逆光拍摄下物体的正面不能直接受光,背景却很光亮,导致被拍摄物体正面不能被清晰地反映。所以顺光拍摄是现场查勘拍摄时的首选,如果现场条件限制没有顺光,可采用闪光灯、手电筒、车辆前照灯等来补充光源。

夜间现场拍摄要注意照明。夜间拍摄时,可使用查勘专用手电或现场其他照明工具(车辆前照灯、手灯),提高现场照度,保证照片清晰可辨。

②事故现场常用拍摄方法。

a. 相向拍摄法:指在相对应角度进行拍摄,更能够现实反映现场中心情况(图2-7)。

图2-7　相向拍摄法

b. 交叉拍摄法:指在四个不同方位的角度进行拍摄,准确的反映出现场中心情况(图2-8)。

c. 连拍拍摄法:由于受到拍摄距离和数码照相机视角的限制,一次拍摄不能全部摄入被拍摄物,可采用把被拍摄物体分为几段,几次拍摄,然后把印好的照片拼接在一起,组成一幅照片,表现所需拍摄的景物,也称为接片(图2-9)。

(6)事故现场照片的基本要求。事故现场和车辆损失照片必须是清晰的彩色照片、焦距调整准确、光线适用得当;所有拍摄的事故照片有准确的拍摄日期(年/月/日/时/分);照片尺寸规格像素为480×640(特殊情况除外)使用横式拍摄,需要强调的损失项目或证据应

图 2-8 交叉拍摄法

图 2-9 连续拍摄法

尽量处于照片中央位置,避免立式拍摄,严禁使用对角拍摄。

(7)现场拍摄的原则。先拍摄原始状况,后拍摄变动状况;先拍摄现场路面痕迹,后拍摄车辆上的痕迹;先拍摄易破坏易消失的,后拍摄不易破坏和不易消失的。

2)拍摄现场全景照片

现场全景照片通常采用远景拍摄,反映以肇事车为中心的现场全貌,内容要求包含有三个要素:事故的地点、车辆的行驶路线、车辆的相对位置。现场全景照片数量一般不多,1~3 张即可,现场情况复杂的可以适当增加。

学习任务 2 中张某某先生的车辆事故现场的全景照片共 2 张(图 2-10、图 2-11),根据现场照片拍摄的三个合格标准:是否符合拍摄的基本要求、要素反映是否全面准确、拍摄方法选用是否合适,对该事故的这 2 张全景照片进行分析如下:

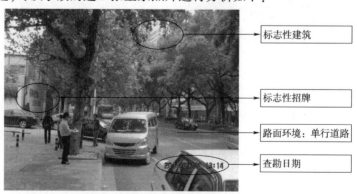

图 2-10 事故全景照片 1

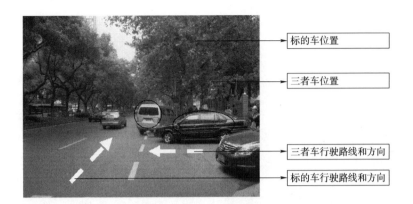

图2-11 事故全景照片2

(1) 基本要求。从图2-10和图2-11可见,两张照片均符合现场拍摄的基本要求:清晰的彩色照片、焦距调整准确、光线适用得当、有准确的拍摄日期、使用横式拍摄。本教材对后续拍摄的现场照片不再做基本要求的分析。

(2) 要素反映。图2-10中"标志性建筑"和"标志性广告牌"反映出事故的地点,照片中清晰可见事故发生的路面情况是城市单行路线。图2-11从图2-10相反的角度拍摄,清晰地反映出事故双方车辆的相对位置和各自的行驶路线(标的车由南往北行驶,三者车由东面出口转弯上单行道),信息要素已全部具备。

(3) 拍摄技巧与方法。两张照片均采用远距离拍摄,取景范围较大,能很好地反映出事故现场全貌,图2-10拍摄角度选择顺着车辆运动方向平行拍摄,对反映事故原因有很强表现力。拍摄方法上2张照片采用了相向拍摄方法,从两个不同角度来反映事故现场。

(4) 相关知识。事故的地点可以用明显的参照物和标志物来反映,如道路及交通设施、永久性建筑、标志性建筑、地理环境等;一定要在拍摄后检查照片是否清晰,特别是后面拍摄的车牌及局部受损照片,不合格的照片可以及时补拍;在拍摄全景照片时如距离不够,无法拍到远景应该灵活处理,如在车库里发生的案件,一般拍摄不到全景参照物,一般可以在进入车库、停车场的时候就拍下车库或停车场的名字或者是进入小区拍摄小区的名字。

3) 拍摄现场中心照片

现场中心照片通常采用中、近景的拍摄方法,用以反映事故现场的中心地段,即以接触点(车辆的碰撞位置)为中心,与肇事车辆接触的各个部位以及受损情况、现场有关痕迹。内容要求包含有四个要素:标的车(或和三者车)车牌车型(或被撞物体的外貌特征)、车辆之间(或车辆与受撞物体之间)的相对位置、标的车和三者车(或受撞物体)的受损状况、痕迹或散落物(该要素视情况而定可能有,也可能没有)。一般中心照片在碰撞物体未分离时拍摄,数量要求3~5张:前后景各1张、碰撞点全景1张、碰撞点近景至少1张、痕迹或散落物至少1张。

学习任务2中张某某先生的车辆事故现场中心照片共有4张(图2-12~图2-15),以下是对该事故现场中心照片进行的具体分析。

图 2-12　标的车前景照片

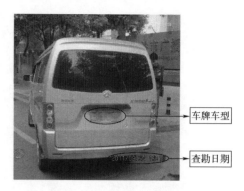

图 2-13　标的车后景照片

图 2-14　三者车前景照片

图 2-15　三者车后景照片

（1）要素反映。图 2-12 和图 2-13 分别反映出标的车的车牌、车型、碰撞位置，图 2-14 和图 2-15 清晰地反映出三者车的车牌、车型、损失状况和车辆散落物（前保险杠面罩），该案件的现场中心照片除了车辆之间（或车辆与受撞物体之间）的相对位置外，其余要素已全部具备。由于事故发生地交警要求道路交通事故快速处理，在查勘员到达现场的时候，两车已经分开，不再处于碰撞发生时的位置，所以未能拍摄两车事故发生时的相对位置照片。如果查勘员到达现场时车辆还能保持在事故发生时的状态（图 2-16），中心照片就应该体现出三个要素：车牌车型、车辆之间的相对位置、标的车和三者车的受损状况。

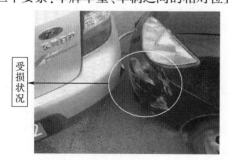

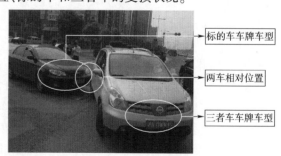

图 2-16　事故现场中心照片

（2）拍摄技巧与方法。4 张照片均采用中距离平行拍摄，取景范围比全景照片缩小，能清晰的反映出车辆身份信息、以碰撞点为中心的事故地段现场以及车辆的受损状况。两组照片均采用相向拍摄法,既能够车辆反映受损的面,也能够反映没有损失的其他面,可以有效减少道德风险发生。如果事故现场车牌脱离车体,用粉笔标记车号或将车牌摆放在车身旁边后拍摄,严禁单独拍摄车牌及损失部位。

4)拍摄现场细目照片

现场细目照片通常采用特写拍摄,用以反映事故现场上发生的各种痕迹、物证的大小形状以及车辆身份证明。内容要求包含有五个要素:事故车辆和三者车(或外界物体)的碰撞位置及痕迹、事故车辆和三者车(或外界物体)的受损程度、残留碎片和轮胎痕迹等现场痕迹、车辆的VIN码、交强险标志。一般细目照片在碰撞物体分离后拍摄,数量的多少依案情复杂程度而定。

学习任务2中张某某先生的车辆事故现场细目照片有若干张,以下是对该事故现场细目照片选取出来的部分照片进行具体分析。

(1)反映事故标的车辆和三者车碰撞位置及痕迹照片共2张(图2-17、图2-18):

图2-17 标的车碰撞位置及痕迹　　图2-18 三者车碰撞位置及痕迹

①要素要求。这组照片分别清晰地反映了标的车的碰撞位置是右前轮轮胎,三者车的碰撞位置是车辆的左前保险杠,且通过卷尺的测量,两车碰撞位置的高度吻合。标的车的右前门上有刮擦痕迹,表明三者车与标的车前轮碰撞前与右前门产生了轻微的刮擦。

②拍摄技巧与方法。在事故车辆与被碰撞物/车辆分离后,用工具指明碰撞点拍摄,并且用标尺反映碰撞物体之间的空间关系(如地上石头的高度与车辆底盘被碰撞点高度;墙体、栏杆上碰撞痕迹的长度、高度与车辆碰撞痕迹长度、高度)。碰撞点、受损部位以及拉尺测量高度的照片必须水平拍摄。

③交通事故现场车身上常见痕迹的拍摄技巧。碰撞痕迹:这种痕迹一般在外形上表现为凹陷、隆起、变形、断裂、穿孔、破碎等特征,一般只有选择合适的拍摄角度即可表现出来。凹陷痕迹特别是较小、较浅的凹陷痕迹较难拍摄,拍摄这种痕迹时,用光是关键,一般可采用侧光,也可利用反光板、闪光灯进行拍摄。

刮擦痕迹:这种痕迹一般表现为被刮擦的双方表皮剥脱,互相粘挂,如接触点有对方车辆的漆皮或者被刮伤者的衣服纤维,人的皮肉、毛发等。如刮擦痕迹为对方物体的表面漆皮等有颜色物体,可选择相应的滤色镜拍摄,突出被粘挂物。

零部件断裂痕迹:一般都有明显的陈旧裂痕,能在现场拍摄应立即拍摄,如不便拍摄可拆下进行拍摄。

(2)反映事故车辆和三者车(或外界物体)受损项目及损失程度照片共8张(图2-19~

图2-21)。

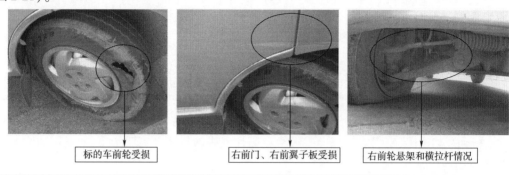

图2-19 标的车受损程度照片

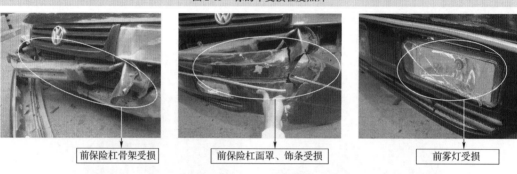

图2-20 三者车受损程度照片1

图2-21 三者车受损程度照片2

①要素要求。图2-19的三张照片反映出标的车受损项目有右前轮、右前翼子板、右前门;图2-20、图2-21反映出三者车受损项目有前保险杠、雾灯、发动机罩、中网,细目照片同时还可以反映出受损项目的损失程度。

②拍摄技巧与方法。

a. 对凡需更换或修理的部件、部位均进行局部特写拍摄。

b. 对照片不能较清晰反映的零件裂纹、变形,用手指或其他道具指向损坏部位拍摄或对比拍摄或拍摄后将照片处理指明损伤处,并能反映损伤原因(图2-20、图2-21)。

c. 对受损部位可以整体相向拍摄,以确定碰撞痕迹和损失范围。

d. 事故发生后除了直接受撞的部位受损外,还可能导致间接损失,为了明确车辆的全部情况,对于可能受损的部位也应该进行拍摄,以免扩大或遗漏损失。该案件中由于标的车受撞部位在右前轮,右前轮的悬架和横拉杆等相关部件很可能受损,为了明确损失情况,所以拍摄了图2-19右边的照片,用以说明标的车的悬架和横拉杆没有受损。

e. 如果是玻璃受损,拍摄照片时注意玻璃的光线反光,如果玻璃损伤不严重,先拍一张照片,再打击玻璃受损处扩大明显后,再拍一张照片,同时要拍摄玻璃标志特写照片。

f. 一张照片已能反映出多个部件、部位受损真实情况的不需单个或重复拍摄,但重大配件或价格较昂贵的配件必须有能反映损伤、型号规格或配件编码的单独照片。

(3)反映现场残留碎片、现场痕迹的照片。

现场残留碎片和痕迹可以很好地反映事故发生的原因和经过,通常查勘员在现场对于现场肇事车辆制动拖印痕迹、玻璃碎片、泄漏液体、油漆等散落物及血迹等均应该进行拍摄。该案件没有此类照片。

(4)反映车辆的VIN码的照片1张(图2-22)。

①要素要求。车架号码车辆的身份代码,是验证标的车辆的重要依据,因此也是每次事故必拍摄的照片,车架号码的反映必须清晰可见。

②拍摄技巧与方法。很多时候,我们对于车架号码的拍摄因为方便的缘故,倾向拍摄风窗玻璃下方的号码,如果玻璃反光,我们可以用书本或其他东西挡住直射到玻璃上的光线,同时注意关掉数码照相机的闪光灯;如果事故车该处车架号码底版条纹无法反映清晰,那么应该在车辆其他地方寻找VIN码进行拍摄。

图 2-22 事故车辆车架号码照片

(5)反映交强险标志的照片1张(图2-23)。

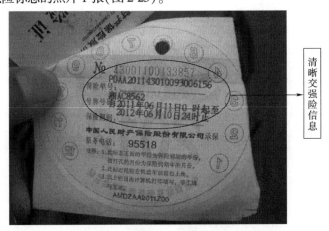

图 2-23 交强险标志照片

①要素要求。必须拍摄标的车和三者车前风窗玻璃右上角贴交强险标志位置的照片,无论是否贴有交强险标志,如果没有交强险标志则意味着该事故车辆没有购买交强险(如被保险人没有将交强险标志贴上去,应该向其索要,并拍摄),这会极大影响到保险赔付,查

勘员必须对此特别注意拍摄取证。

②拍摄技巧与方法。交强险标志贴在前风窗玻璃右上角,拍摄的时候要注意避免玻璃的反光,才能确保照片清晰。在拍摄细目照片时,数码照相机要先调微距。

5)拍摄单证照片

单证照片通常采用特写的拍摄方法,用以反映事故中应该搜集的单证。内容要求包含有两部分要素:一是每起事故都必须搜集的单证(保险卡/保险单、驾驶证、行驶证),二是根据事故的性质可能还会增加的单证(事故责任认定书、物价评估单、医疗票据、路桥费发票等)。单证照片数量的多少依案情复杂程度而定。

该案件的单证照片有 7 张(图 2-24 ~ 图 2-27),单证照片的拍摄相对而言比较简单,重点在于单证搜集齐全、照片清晰,对该案单证照片分析如下。

图 2-24　三者车行驶证主副页

 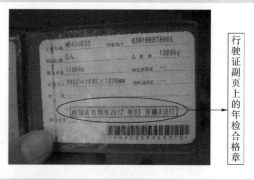

图 2-25　标的车行驶证主副页

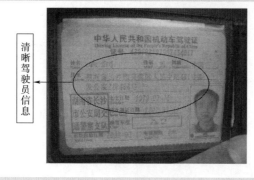 

图 2-26　标的车驾驶员驾驶证正副本

图2-27 标的车保险卡

要素说明：该案件应该搜集的单证已全部在此。

6) 拍摄人车合影照片

人车合影照片通常采用近景的拍摄方法，用以反映事故查勘的工作人员。内容要求包含有三个要素：何人查勘、被查勘的车辆、何物受损（如果事故造成除去标的物以外的损失，那么查勘人员也必须与相关三者财产进行合影）。人车合影照片一般一张即可，是公司检查查勘定损人员严格执行查勘定损规定、杜绝他人代办造成道德风险的重要手段，要求查勘定损人员工作过程中必须严格遵守，确保规范。

该案人车合影照片一张（图2-28），分析如下。

图2-28 查勘员与标的车的人车合影照片

（1）要素说明：通过这张合影能清楚地看到，该案件的查勘员、他所查勘的车辆及受损部位、该车的车牌。

（2）拍摄方法与技巧与中心照片的拍摄技巧同。至此该案件的现场照片拍摄工作完成，由于该案件时双方事故，且三者车受损情况比较严重，照片相对一般事故要多，一共拍摄了20张照片。在现场工作的时候由于时效的要求，查勘员要尽快完成现场照片的拍摄，所以通过照片取景和角度选择来实现用最少的照片最大限度地反映事故现场，是每个查勘员都必须练习的工作技巧。

项目3 确认保险标的

1 项目说明

保险标的是保险合同权利义务指向的对象,车辆发生意外事故后,能够获得保险公司对事故损失赔偿的首要条件便是出险车辆为保险标的,如出险车辆不是保险标的,则保险公司对该车辆和事故无需承担任何责任,所以在事故现场查勘员必须对车辆身份进行核实并取证。

本项目结合学习任务1设计的情境,对湘A123××的事故车辆进行保险标的身份核实。

2 技术要求与标准

(1)《中华人民共和国机动车行驶证》(GA37—2008)。
(2)车辆保险合同、《中华人民共和国保险法》。

3 设备器材

(1)理实一体化教室1间或室外模拟现场。
(2)事故车辆一辆。
(3)事故车辆行驶证及保险卡。
(4)数码照相机、录音笔、询问记录、笔。

4 作业准备

(1)车险事故模拟现场。
(2)数码照相机、录音笔、笔等处于可正常使用状态。
(3)车辆行驶证件、客运或货运凭证、保险凭证或保险合同。

5 操作步骤

查勘员为了确认出险车辆保险标的的身份,必须对现场有关车辆身份的信息进行检验并取证。现场查勘工作中信息检验的常用方法有问、闻、看、思;证据搜集的常用方法有询问记录、摄影、复印、拓印、实证收集、撰写现场查勘报告等,在项目3和项目4"查验事故信息取证"中会逐一学习这些方法的运用。

1)查验车辆行驶证真伪及检验合格章

(1)查验方法:看(行驶证)、询问(车辆驾驶人)。

行驶证上真伪及检验合格章的查验,可以确定该车是否合法使用。对于行驶证真伪的判断,《中华人民共和国机动车行驶证》(GA37—2008)规定:为了防止伪造,行驶证塑封套上有用紫光灯可识别的不规则的与行驶证卡片上图形相同的暗记,并且行驶证上按要求粘贴车辆彩色照片。因此机动车行驶证识伪办法是:一查看识伪标记;二是查看汽车彩照与实物是否相符;三是查看行驶证纸质、印刷质量、字体、字号。与车辆管理机关核发的行驶证进行比对,对有怀疑的行驶证可去发证的公安车辆管理机关核实。

查勘员对于行驶证副页上的检验合格章,即行驶证的有效期进行检验,是确定车辆是否合法使用的重要依据,依此可以判定保险合同是否有效。车辆管理机关规定超过2年未检验的汽车按报废处理,我国车险合同规定"检验期限内未进行机动车安全技术检验或检验未通过的车辆造成的损失"为免赔范围。有些车辆没有按规定时间到车辆管理机关去办理检验手续,却私刻公章私自加盖检验合格章(现在许多地方采用电脑打印检验合格至××年×月并加盖检验合格章的办法来增加防伪能力),所以合格章的查勘一是检验有效日期,二是检查合格章的真伪。

(2)取证方法。拍摄、在查勘报告中填写相关信息、特殊情况还可以复印行驶证或做询问笔录。

(3)该案件查验结论。该案件的行驶证是真的,行驶证上的检验合格章显示有效日期到2012年3月,出险时间是2012年2月10日13时50分,说明车辆是合格使用过程中出险,正常拍摄(图2-15)和查勘记录(图3-2)即可。

2)查验出险车辆与行驶证信息是否吻合

(1)查验方法:看(比对行驶证和实车的车辆号牌、VIN码以及车架号码)、询问(当事人)。

行驶证上的记录与出险车辆信息是否一致,可以确定该车是否套牌使用。查验的方法一看车身上的号牌、VIN码以及车架号码是否真实、未经涂改;二看行驶证上的车牌号、VIN码以及车架号码是否与出险车辆一致。如果出险车辆车牌、VIN码以及车架号码清晰,且与行驶证上的号码一致,则可判定出险车辆为行驶证上载明的车辆。如果车牌存在涂改不清的现象,那么有可能为套牌车辆出险,对此查勘员要重点核查VIN码以及车架号码,必要时现场向报案人(或被保险人)做问询笔录并由当事人签名确认。

(2)取证方法:拍摄、在查勘报告中填写相关信息,特殊情况还可拓印、现场笔录。

车牌和VIN码用拍摄方式取证,现代汽车大多数车架号与VIN码相同,现场查勘往往采取拓印的方法将车架号取证(注意:不要用核对VIN码的方法来替代车架号,因为VIN码相对于车架号容易仿造);发动机号码现场查勘经常无法看到,无需取证。

(3)该案件查验结论。经过查验该案件中的事故车辆与行驶证上的车辆为同一辆车,正常拍摄取证(图2-25)、在查勘报告中填写相关信息即可。

3)查验出险车辆与保险卡信息是否吻合

(1)查验方法:看(保险卡、行驶证)、问(当事人)。

保险卡上的记录与出险车辆信息是否一致,可以确定该车是否标的车。查验方法是比对出险车辆行驶证与保单上记录的车牌号、发动机号、车架号或车辆识别编码,如果相符,则事故车辆为保险标的。如果信息不符,需确认是否保单录入错误,如为我公司录入错误,需提醒客户出具批单;也有可能是客户出险报案时弄错保险公司或是拿错保险卡,需提醒客户核实。如果表现为行驶证车主与被保险人不是同一个人,这种情况为保险利益的判断。

(2)取证的方法。拍摄、在查勘报告中填写相关信息。若发现出险车辆非承保标的,或明显不属于保险责任范围,还可复印保险卡,必要时现场向报案人(或被保险人)做问询笔录并由当事人签名确认。

（3）该案件查验结论。经过查验，本案件事故车辆保险标的身份已经确认无疑，正常拍摄（图 2-27）、在查勘报告中填写相关信息即可。现场查勘时必须掌握车辆的承保情况，无抄单或客户现场无法提供保单或保险卡时，应及时向电话中心询问。

项目4　查验事故信息取证

1　项目说明

查勘员在核实了保险标的以后，紧接着就是对驾驶员、事故车辆、事故发生、事故损失等有关信息进行查验并取证，依据这些信息来判断事故真伪、事故是否属于保险责任范围、事故损失的大小。尤其是可能涉及道德风险、责任免除、违反被保险人义务的案件更应针对性地开展调查和取证。

本项目结合学习任务 1 设计的情境，对标的车湘 A123××的事故信息进行查验和取证。

2　技术要求与标准

（1）《中华人民共和国道路交通安全法》。
（2）《中华人民共和国道路交通安全法实施条例》。
（3）《机动车登记规定》。
（4）《道路车辆外廓尺寸、轴荷及质量限值》。
（5）《机动车维修管理规定》。
（6）车辆保险合同、《中华人民共和国保险法》。

3　设备器材

（1）理实一体化教室 1 间或室外模拟现场。
（2）事故车辆 1 辆。
（3）数码照相机、录音笔、笔。

4　作业准备

（1）车险事故模拟现场。
（2）数码照相机、录音笔、笔处于可正常使用状态。
（3）驾驶员相关证件、车辆行驶证件、客运或货运凭证。

5　操作步骤

1）查验驾驶员信息并取证

对车险案件，必须查清肇事驾驶员的基本情况（姓名、年龄、性别、驾龄、准驾车型、与被保险人的关系等）以及驾驶员事发当时的行为。这些信息中可能隐藏着能够影响保险赔付的情况：比如肇事驾驶员调换、酒后驾车、疲劳驾驶、服药后驾车、无证驾驶、准驾车型不相符、未按期审验、非被保险人或其允许的驾驶员、非约定驾驶员等,查勘员的职责就是仔细查验辨别本次事故中是否有以上情况存在并取证。查验方法有看相关证件、询问当事人等。

(1) 查验驾驶员驾驶证。

①查验驾驶证真伪。观察与辨别驾驶证的相关特征。

a. 看驾驶证上的字体是否符合技术规格要求,驾驶证的正页和副页字迹、材料或颜色是否一致,若不相符,则有可能是一真一假。

b. 针对旧版驾驶证主要看驾驶证的分类、副证上的年审签注章的字体与公安部统一设置的专用字体和式样是否一样,是否有针孔,能否用手能摸出来,若字体无针孔,则是假证。

c. 针对新版驾驶证主要看驾驶证的分类、主页或副页签注字体是否使用全国统一的专用打印防伪字体,若不是,则是假证。

d. 看驾驶证上的发证机关印章是否为原子印章盖出来的,若不是,则是假证;若是旧版驾驶证还要看驾驶证照片上有无发证机关钢印章,若无钢印章,则是假证。

e. 看驾驶证上的相片是否规范,与本人是否一致,是否有错位、重新粘贴、过塑等现象,尤其是新版驾驶证的相片为持证者本人近期免冠、白色背景的彩色正面相片,如有疑点,进入下一个步骤;看防伪标志、假驾驶证的防伪标识的"中国"两字是矢量图形,而真的驾驶证的"中国"是点阵图形。如果还是不能确定,则可以通过上网查询或到交通警察部门询问。

②查验驾驶证有关时间(有效期间、初次领证时间)。查验驾驶证的有效期,可以判断驾驶员是否合格驾驶员;查验初次领证时间,可以判断在高速公路上出险车辆驾驶员的驾驶证是否在实习期。

③查验驾驶证准驾车型。查勘员可以通过查勘驾驶证上的准驾车型和事故车辆的车型来判断,如驾驶营业性客车的驾驶员要查验是否具有国家有关行政管理部门核发的有效资格证书;特种车出险要查验是否具备国家有关部门核发的有效操作证;持自动挡驾照的是否驾驶了手动挡车辆。

正常没有疑问的驾驶证,拍摄取证并在现场查勘报告中记录即可。对伪造驾驶证、驾照已过期、实习期间上高速等应现场取得书面证据(如:做调查笔录并让肇事驾驶员当场签名确认;设法复印并由当事人签名确认,注明复印件与原件核对无误)。

该案件驾驶证经查验具体内容为:驾驶员张某某,初次领证时间为2002年3月11号,驾驶证有效期到2014年3月11号,准驾车型为A2。驾驶证无异常情况,正常拍摄取证(图2-26),在查勘报告中填写相关信息即可。

(2) 查验驾驶员的身份。事故驾驶员常见的情况是被保险人本人,如果不是,那么就需要核实两个情况:驾驶员是否被保险人允许,驾驶员是否是保单约定(保险合同规定非被允许的驾驶员出险,保险公司部负责事故损失的赔偿,驾驶员不是保单约定的驾驶员则保险赔偿要扣除一定的免赔率)?查验的方法就是通过询问驾驶员与被保险人的关系,并当场与被保险人取得电话联系进行确认。本案件查勘结论:该案件驾驶员为被保险人王某某的朋友,现场已经与被保险人联系核实,做好相关查勘记录即可(图3-2)。

(3) 查验驾驶员行为。驾驶员的某些行为会直接导致保险公司的拒赔,如饮酒、吸食或注射毒品、被药物麻醉后使用保险车辆、更换驾驶员等,发现这些情况时应要求当事人对事实予以确认并签名;如当事人予以否认,应立即报公安交警部门,查勘员留在现场协同处理。本案件查勘结论:该案件驾驶员无异常行为,无需取证。

2)查验车辆信息并取证

对事故车辆虽然已经确定了保险标的身份,但是事故车辆其他一些情况仍然可能影响保险赔付:比如保险购买情况、使用情况、安全装载情况、改装情况等。查勘员的职责就是仔细查验事故车辆是否存在保险拒赔或加扣免赔的情况,并取证。

(1)查验车辆保险情况。

①查验保险利益是否已经丧失。通过现场观察和比对出险车辆保险卡和行驶证,如果发现现场有以下特征:事故现场的标的车驾驶员对车主和被保险人的情况不太了解,或行驶证上车主已更改,与保单上行驶证车主姓名不同。标的车保险利益就有可能已经丧失。此类案件查验的要点是:一询问查验车主与被保险人的关系,并分析保单的保险利益是否存在;二是查验保单是否有批改单,如果无批改单询问是否经保险人同意,如果未经保险人同意一般可认为被保险人对标的车已不具备保险利益。

取证的方法:现场查勘记录、询问笔录、录音。

本案件查勘结论:该事故车车主与被保险人是同一人,标的车保险利益存在,做好相关查勘记录即可。

②查验车辆是否保险公司愿意承保的车辆型号。一般情况下保险公司标都会选择风险适中的常见车型承保,但是由于核保环节的遗漏,客户投保时没有如实告知,导致部分标的车不是保险公司允许承保的车辆类型。在现场通过查验行驶证正本右侧上部的车辆类型,核实行驶证车辆类型是否与保单车辆类型是否一致。同时查验员可以通过查看车辆型号,初步确定新车购置价是否正确选择、标的车辆是否足额投保、保险费收取是否合理、保险赔付是否需要比例计算。

取证方法:拍摄、查勘记录,如果发现被保险人没有如实告知,费率选择不正确,或是需要比例赔付,都应该当场询问被保险人,并做好记录要求被保险人签字确认。

本案件查勘结论:该案件的标的车车型是小型普通客车,是保险公司的承保对象,做好相关查勘记录即可。

③查验保险期限及缴费情况。通过查看保险卡,一是核实出险时间是否在保险期间内,二看出险时间是否在保险期间的首尾敏感时间内,对在敏感时间段发生的事故,要多加查验,以防假案。

如果在事先调度岗位提供的保险抄单上体现出该车辆的保险费没有全额缴清,则需要在现场通过询问被保险人对该情况进行核实,询问他是否已经缴费?是否约定比例赔付?

取证方法:记录、询问、拍摄。

本案件查勘结论:该案件的标的车保险期间为2011年10月20日至2012年10月19日,此处无异常,做好相关查勘记录即可(图3-2)。

④查验承保险种。不同险种的保险责任范围是不一样的,在现场查勘员要密切关注标的车投保的险种有哪些,以便及时做出保险责任的初步判断,提高事故处理效率。

本案件查勘结论:标的车的投保险种有交通责任强制保险、商业三者险、车辆损失险。

要特别关注的几种投保情况:只承保了交强险;只承保了第三者责任险;车上人员有伤亡,只承保了车上人员责任险;火灾事故,只承保了自燃险;与非机动车碰撞,但是没有承保无过失责任险;车身有划痕时,没有承保车身划痕险;有否承保玻璃单独破碎险?有否承保新增设备险?发动机因进水损坏,是否承保了发动机进水损坏险?

(2)查验车辆使用情况。

①查验车辆使用性质是否与保险单上一致。车辆的使用性质是直接影响车辆承保和保险费率确定的重要因素,被保险人有义务在投保时如实告知车辆的使用性质,在保险期间如果车辆使用性质发生改变也应该及时通知保险人,否则保险人发现改变使用性质的车辆出险现场,可以对事故损失拒绝赔偿。取证的方法:拍摄、询问记录、现场查勘记录。

本案件查勘结论:该案件的使用性质为家用,与保险单上记录的性质"非营运"一致,在查勘记录中记下车辆使用性质即可。

②查验车辆是否按照国家车辆安全装载要求装载。车辆按规定装载是标的车辆安全使用的重要保障,所以对于违章装载可能造成保险事故近因的案件要重点调查取证,一旦查实保险公司可以扣除免赔率。常见违反装载要求的事故有两种:货车超载和客车超载。对于货运车辆,应主要查勘货物的装载情况。如每件货物质量、运单或货单上的货物质量等,受损货物的包装和配载情况,现场应确定是否符合国家和行业的相关规定,是否有违规装载(如装载货物是否超重、超长、超高、超宽等)。现场向货物受损方了解货物的保险情况,是否办理货物运输险及货运险的保单详细情况。对于客运车辆,核实出险车辆人员的装载情况,在查勘报告中记录载客人数、货物质量、高度等。取证的方法:拍摄、询问记录、现场查勘记录、实证搜集。

除常用的取证方法外,查勘员一定要对车辆装载物、制动痕迹、车身下垂情况进行详细拍摄,同时货运车辆出险现场必须搜集承运货物的运单、调拨单、货物发票等货物的相关资料;客运车辆出险现场必须搜集车票。案件及时报交警处理。

本案查勘结论:标的车为家用普通客车,当时车上只有驾驶员一人,无违规装载情况。

(3)查验车辆改装情况。几乎所有的机动车辆保险条款都规定:在保险期限内,保险车辆改装、加装导致保险车辆危险程度增加的,应当及时书面通知保险人。否则,因保险车辆危险程度增加而发生保险事故,保险人不承担赔偿责任。查勘员应该很熟悉国家对车辆改装的相关规定,到达现场以后即可观察车是否按照国家规定改装车辆,否则可以拒赔事故损失。查验方法:看、询问。取证的方法:拍摄、询问。

该案件结论:事故车无非法改装情况,见现场照片。

(4)查验车辆维修质保期。如果出险车辆是刚维修过的车辆,当发生事故的时候要注意事故是否是由于车辆维修问题导致,查勘员要熟悉国家有关部门对车辆维修质量保证的相关规定。查验方法关键在于根据事故损失分析判断事故原因是否与车辆维修有关。

查验方法:看(事故车车况)、询问。取证方法:除了常见的拍摄、询问记录外,必要时还应当取得国家权威质量部门的质量检验证明。

本案件查勘结论:无此情况。

3)查验行驶路线并取证

查验方法:看(行驶路线是否属于免责路线)、询问(当事人)。

根据车险合同的条款,出险车辆在某些特殊路线上是不能获得赔偿的,查勘员应对此进行查验,并取证。取证方法:拍摄(痕迹照片)、询问记录。

4)查事故经过及原因并取证

(1)查明出险时间。出险时间非常重要,它关系到事故损失是否属于保险责任。出险时间的查验重点有三个:

一是核实出险时间与报案时间是否一致,如果不一致可能是报案人报案时紧张所致,但更有可能案件是假案或有其他免责的情况,当事人为了掩盖事实真相而谎报出险时间。在这种情况下通常报案时当事人的第一反应是真实的,查勘员要针对报案时间多加查勘。

二是了解出险时间是否在保险有效期内,尤其对接近保险起讫期出险的案件应特别慎重,认真查实。

三是核实出险时间是否为保险合同的免责时间范围(如标的车进厂修理期间)。

为核实出险时间,查验方法有了解车辆启程或返回的时间、行驶路线、伤者住院治疗的时间,如果涉及车辆装载货物出险的,还要了解委托运输单位的装卸货物时间、运单等。

查验方法:询问(当事人或目击证人)。取证方法:询问记录、有关票据搜集(如高速公路收费票据、停车场收费单)。

本案件查勘结论:出险时候为2012年2月10日13时50分,属于保险期间(2011年10月20日至2012年10月19日)内的事故,做正常的查勘记录即可。

(2)查验出险地点。主要通过查验车辆受损现场和询问当事人或目击证人,从而判断出险地点与报案记录是否一致,如果发现擅自移动现场或谎报出险时间、地点的,要查明原因并记录。通常来讲如果报案地点不是出险的真实地点,那么该案件为假案的可能性很大,或者该案件本身极可能存在被拒赔的因素。

查验方法:问、看。取证方法:询问记录、拍摄。

本案件查勘结论:该案件的事发地点在长沙市劳动西路上,此路段为长沙的繁华路段,往来车辆多,是事故频发地段,无异常,做正常的查勘记录即可。

(3)查验出险经过及原因。客户在报案时和在事故现场都会对事故经过与原因进行陈述,查勘员必须通过自身对现场周围环境、道路条件的查勘,了解道路、视距、视野、地形、地物对事故发生的客观影响;检验事故车辆的接触点或撞击部位,查找现场遗留物,分析事故发生的真实原因;通过对当事人和证明人的询问和调查,确认当事人双方违反交通法规的主观因素。最终要能够核实以下几点:

①事故发生的真实原因是什么,是否与客户讲述的事故出险原因一致。

②事故出险原因是否损失的近因,近因原则是保险的基本原则,近因为保险责任则是保险事故,反之则不是保险事故,这是现场查勘的重点。

③事故发生过程中当事人双方的行为。

对损失原因错综复杂的,应运用近因原则进行分析;对存在疑点或报案不符的事项做重点调查,必要时对当事人或目击人做询问笔录;特殊事故(如对可能存在酒后驾车或无照驾驶,所持驾驶证准驾车型与实际车型不符、火灾等情况)应依据公安、消防部门的证明来认定出险原因。

查验方法:看、问、思。取证方法:拍摄(索取证明,搜集证据),询问记录。

凡是与事故有关的重要情节,都要尽量拍摄,以反映事故全貌。对于重大复杂或有疑问的理赔案件,现场见证人或知情人的询问记录里应载明询问日期和被询问人地址并由被询问人确认签字。对于造成重大损失的保险事故,如果事故原因存在疑点难以断定的,应要求被保险人、造成事故的驾驶员、受损方对现场查勘记录内容确认并签字。

本案件查勘结论:根据报案人所述,该案件的出险原因是标的车在长沙市劳动西路广电局门口行驶时,因三者车从旁边的辅道开出来,标的车制动不及时不慎与之相撞。事故发生的地点是繁华路段,时间为13时50分,当时路上车辆与行人都很多,事故发生的概率很高;在询问过程中当事人的表现符合事故发生后的正常反应;同时查看现场两辆车的碰撞痕迹新鲜、高度吻合,损失情况合与碰撞角度及力度吻合。因此查勘员判断事故原因及经过均无疑点,做正常的查勘记录即可。

5)查事故损失

(1)查明车辆损失。现场查看事故损失的目的一是判定损失是否为本次事故所致,二是确定损失的范围和项目。在询问当事人得知事故经过和损失后,查勘员要认真查验、测量损失部位与事故经过是否吻合,并分析受损成因,确定受损项目是否本次事故所致,通常的做法是进行"损失对照",观察关联物的互相印迹,分析相互的关联。

查验方法:看、询问、思。取证方法:拍摄、查勘记录。

本案件查勘结论:根据当事人所述,事故发生时三者车的左前保险杠与标的车右前翼子板、右前门刮擦后碰撞到标的车的右前轮。通过现场查看,查勘员发现标的车右前轮胎破裂(图2-19左边照片),右前翼子板、右前门油漆擦伤(图2-19中间照片);三者车前杠面罩破裂、骨架折曲变形(图2-20左边和中间照片),发动机罩变形(图2-21左边照片),中网支脚断裂(图2-21右边照片)、右前雾灯破裂(图2-20右边照片)。经过比对,并结合事故经过分析,确定以上损失均为本次事故所致,拍摄取证、并在查勘记录中填写即可。

(2)查明财产损失和人员伤亡情况。对事故中受损的财产,按《机动车辆保险物损清单》的要求,记录名称、类型、数量、质量等;对事故中伤亡的人员,主要记录姓名、性别、年龄、所在医院、伤情等。

查验方法:看、询问。取证方法:拍摄、查勘记录。

本案件查勘结论:本案件无物损和人伤。

总结:自此该案件查验并取证的工作已经全部完成,案件的基本情况是2012年2月10日13时50分驾驶员张某某(其驾照具体内容为:初次领证时间为2002年3月11号,驾照有效期至2014年3月11号,准驾车型为A2)驾驶标的车(车型为长安、车牌号码为湘A123××)在长沙市劳动西路广电局门口行驶时,不慎与辅道出行的桑塔纳轿车(湘A456××)相撞,造成标的车右前轮胎、右前翼子板、右前门受损,三者车前杠、中网、右前照灯、冷凝器等受损的交通事故。被保险人即车辆所有人王某某,驾驶人张某某与被保险人的关系为朋友,标的车保险期间为2011年10月20日至2012年10月19日。案件查勘工作中用到了问、闻、看、思四种查验方法;证据搜集用到了摄影、撰写现场查勘报告两种方法。

项目5　定性定责定损

1　项目说明

车险事故现场查勘就是公平公正、客观严密地查明事故真实情况并取证的过程,其根本目的准确认定事故责任和保险责任、确定事故损失范围和程度。本项目即是在学习任务2前四个项目工作基础上,对标的车湘A123××的事故进行深入分析,给出定性定责定损的结论。

2　技术要求与标准

(1)准确判定事故真伪和事故保险责任。
(2)《中华人民共和国道路交通安全法》及实施条例、《交通事故处理程序规定》。
(3)被保险人与保险公司签订的保险合同。
(4)《配件修换参考指南》。

3　设备器材

(1)事故车辆一辆。
(2)数码照相机、用以测量并说明碰撞位置的卷尺。

4　作业准备

(1)车险事故模拟现场。
(2)数码照相机、卷尺处于可正常使用状态。

5　操作步骤

1)确定事故性质

通过客观细致地现场查勘,综合分析搜集得来的各项现场证据,查勘员在现场要完成对事故性质确定(简称事故定性:如案件是刑事性质的交通事故,还是普通单纯只涉及车损的交通事故,或者是为骗保而伪造的事故),并将其填写在"查勘记录"中的相关项目里,客户签字确认。如果案件是刑事性质的交通事故,则要立即通知交警部门;案件是普通单纯的交通事故,则继续完成后续的理赔工作;案件是为骗保而伪造的事故,则要向被保险人说明,并提出拒赔;如果案情重大,要向上级部门汇报。如果有交警介入案件的处理,务必结合交警单分析案情(单方或无交警处理除外)。

该案件事故性质判定:通过查勘,该案件碰撞痕迹吻合,碰撞高度和角度一致,痕迹新鲜,双方损失属实,为真实发生的案件。

2)确定事故责任和保险责任

查勘员在现场对责任确定包括两层含义:一是确定被保险车辆的事故责任,二是确定保险人的保险责任。

(1)确定被保险车辆的交通事故责任。在不同案情中,被保险车辆交通事故责任划分的主体人不同:一般情况下由当事人双方自行协商,保险公司查勘员认可即可;如果案情严重(如有人伤,且双方无法达成一致)则由交警来判定事故责任的划分。

事故责任确定的原则是:凡有交警(盗抢险为公安机关)负责现场处理的案件,(称之为"警检"案件),以执法部门认定为准,在查勘报告中当场记录处理部门及处理人员情况,询问交警部门对事故责任的初步认定。现场已出具快速(或简易)事故证明的,需在查勘报告中当场记录事故证明的编号;无交警处理的案件应由事故双方当事人和查勘员依据相关法律法规判明被保险车辆的事故责任比例,并将其填写在"查勘记录"中的相关项目里。

该案件事故责任判定:依据相关规定结合实际情况,事发当时三者车已经驶入辅道,标的车先撞上三者车,所以标的车承担事故责任的70%,三责车承担事故责任的30%,双方均无异议。

(2)确定保险公司的保险责任。查勘员根据现场得到的事故信息,结合近因原则,分析出事故主客观原因,然后依据保险条款和合同的有关规定,确定事故是否属于保险责任范围,并将其填写在"查勘记录"中的相关项目里。

该案件保险责任判定:通过查勘,事故经过为标的车湘A123××在行驶时,因制动不及时不慎与三者车相撞,造成两车受损。"碰撞"为损失发生的直接原因,依据标的车投保的三个险种(交通事故责任强制保险、商业三者险、车辆损失险)的保险条款,"碰撞"均属于保险责任范围,且现场查勘中没有发现任何免责情况,因此保险公司将依照保险合同对事故损失承担赔偿责任,每个险种的具体赔偿金额在保险理算环节完成。

3)事故损失评估

查勘员在现场定损工作的目的是并非明确事故损失的具体金额,而是在事发现场对事故损失(包括车辆损失、货物及其他财产的损失、人员伤亡损失)的范围和程度进行评估,并将其填写在"查勘记录"中的相关项目里,客户签字确认。此项工作能够有效的控制道德风险,其评估结论是事故理赔时确定事故损失程度和保险赔偿金额十分重要的依据。

车辆损失评估主要就是记录好事故车辆损失的部位和可见的损失部件名称,要求损失的项目要齐全,特殊情况做说明;对受损部位作以大体的描述,对损坏的零配件明细作详细的记录;对损失情况不严重的车辆可以初步确定受损件更换或修复,甚至损失金额,部分保险公司要求查勘员对于简单事故现场定损。财产损失和人伤评估一样要求做好记录,具体要求详见拓展学习项目。

项目6 指导索赔

1 项目说明

客户最关心事故能否得到保险赔偿,赔偿金是多少以及自己要如何配合才能尽快拿到赔偿金,所以查勘员在完成现场查勘工作后要按规定据实详细填写现场查勘记录,并就检验的情况与被保险人交流,要求被保险人对于检验的初步结果进行签字确认。必要时可以向被保险人解释保险责任和事故损失确定的依据,最后告知客户理赔程序。

2 技术要求与标准

结束现场查勘告别客户的服务规范。

3 设备器材

事故车辆模拟实验室。

4 作业准备

(1)车险事故模拟现场。
(2)索赔指南、索赔申请书、查勘报告若干。

5 操作步骤

1)告知客户查勘结论、填写查勘报告

在此步骤中查勘员应就自己的定性定责定损结论与被保险人或肇事驾驶员及受损害方进行沟通,对于有疑点或情况异常的地方要着重予以详细说明。认真、完整、准确地缮制"机动车辆保险事故现场查勘记录",并要求肇事驾驶员或被保险人现场签名确认。

2)指导客户填写索赔申请书

查勘报告填写签字完毕,查勘员要指引客户填写索赔申请书、办理修车和索赔事宜。

(1)填写《索赔申请书》。对电话报案的客户提供出险《索赔申请书》,不懂的地方加以指导。《索赔申请书》应由被保险人及其授权代表填写及确认,若保险车辆属单位所有,《索赔申请书》、《转账支付授权书》需要盖公章,要求报案人带回单位盖章后与索赔资料一起交回。索赔申请书一式两份,一份现场送达被保险人或肇事驾驶员,另一份经被保险人或肇事驾驶员签收后作为查勘资料之一入档,作为日后资料接收的凭据。

(2)递交索赔须知。根据报案与查勘情况,认真、全面、准确地在"索赔须知"中确定被保险人索赔时需要提交的索赔单证,向客户讲清赔偿处理流程(指导客户阅读车险索赔指南),如需提供其他事故证明如公安交通管理部门或法院等机构出具的事故证明、有关的法律文书(裁定书、裁决书、调解书、判决书等)的,对客户作出指引。

沟通话术:"张某某先生,请你定损修车后,将索赔资料交到××保险公司进行索赔,需要提供的索赔资料有:索赔申请书、现场查勘记录、定损单、行驶证和驾驶证复印件等其他证件(如:交警事故责任认定书、三者交强险复印件)。"

(3)指导修车事宜。如果张某某能确定维修厂,查勘员金某某:"为了确保您的车辆能够及时维修,请您与修理厂联系,并于48h内携带现场查勘记录和相关证件(驾驶证、行驶证等)到××保险公司定损中心核定损失后(或联系保险公司客服热线955××报定损后),再进行维修。"

如果张某某不确定维修厂,查勘员金某某:"为了确保您的车辆能够及时维修,请您在48h内确定修理厂并携带现场查勘记录和相关证件(驾驶证、行驶证等),到距离修理厂最近的定损中心核定损失,(或联系保险公司客服热线955××报定损),然后再进行维修。"

(4)告别客户。查勘员金某某:"您看还有什么需要说明或有什么能帮您的?如果没有的话,本次查勘我就处理完毕了,有问题可打我名片上的电话或拨打保险公司的服务热线×××,谢谢您的合作,再见。"

至此任务2中车险事故现场查勘工作已经全部完成,此项任务处理的是车险事故现场常见的双方事故,除此还有两类典型现场查勘任务:一是单方事故的现场查勘,二是每个事故都会涉及的交强险查勘,这三类查勘任务虽然在工作时的流程和要求大致相同,但也存在一定区别。

三、学 习 评 价

1 选择题

(1)根据(　　),车辆保险事故可以分为道路交通事故和非道路交通事故。
　　A.车辆事故发生地点　　　　　　B.事故原因
　　C.事故时间　　　　　　　　　　D.事故形态

(2)由于某种人为或自然的原因,致使现场原始状态发生了改变的事故现场为(　　)。
　　A.恢复现场　　B.伪造现场　　C.逃逸现场　　D.变动现场

(3)查勘员到达事故现场,首先需要向客户了解的内容包括(　　)。
　　A.事故背景、地点、原因、经过、损失情况
　　B.事故时间、路线、原因、经过、损失情况
　　C.事故时间、地点、原因、经过、赔偿情况
　　D.事故时间、地点、原因、经过、损失情况

(4)现场照片的拍摄必须遵循从远渐进、从宏观到微观的基本原则,通常拍摄顺序为(　　)。
　　A.人车合影→中心拍摄→细目拍摄→单证拍摄→现场全景拍摄
　　B.现场全景拍摄→中心拍摄→细目拍摄→单证拍摄→人车合影
　　C.现场中心拍摄→全景拍摄→细目拍摄→单证拍摄→人车合影
　　D.现场全景拍摄→中心拍摄→单证拍摄→细目拍摄→人车合影

(5)(　　)拍摄特点是透视效果好,一般不易产生变形,可以准确地反映事故真相的取景角度。
　　A.俯拍　　　　B.平拍　　　　C.仰拍　　　　D.顺光拍摄

(6)现场全景照片内容要求包含有三个要素:事故的地点、车辆的行驶路线、(　　)。
　　A.车辆的相对位置　　　　　　　B.车辆的损失状态
　　C.车辆的 VIN 码　　　　　　　　D.车辆的驾驶员

(7)每起事故都必须搜集的单证有保险单、驾驶证、(　　)。
　　A.事故责任认定书　　B.物价评估单　　C.行驶证　　D.医疗票据

(8)行驶证合格章的查勘:一是检验有效日期,二是检查(　　)。
　　A.行驶证纸质　　　　　　　　　B.合格章的真伪
　　C.行驶证印刷质量　　　　　　　D.字体、字号

(9)不属于驾驶证查验内容的是(　　)。
　　A.驾驶证真伪　　　　　　　　　B.有效期间、初次领证时间
　　C.准驾车型　　　　　　　　　　D.驾驶证号码

(10)不属于更换驾驶员现场的特征是(　　)。

A. 此类情况多为酒后驾车或无证驾驶后发生

B. 驾驶员不能清楚描述事故经过,对车主及被保险人的情况,车内物体存放及车上乘客乘坐位置不太清楚

C. 事故现场的特点与酒后驾车及无证驾驶事故的特点相似

D. 此类情况多为故意制造事故

(11) 属于保险期限查验内容的是( )。

  A. 出险时间是否在保险期间的首尾敏感时间内

  B. 核实出险时间是否在合理时间内

  C. 驾驶员的领证时间

  D. 行驶证的有效时间

(12) 不属于使用性质与保单不符的情况有( )。

  A. 营运货车按非营运货车投保

  B. 货车用于载客

  C. 家庭自用车或非营运车从事营业性活动

  D. 客车用于单位交通运输活动

(13) 下列不属于货车超载和客车超载常见的特征有( )。

  A. 货车运载有质量较重或体积宽大的货物

  B. 客运车辆出险现场有伤亡,在现场的乘客会较多

  C. 事故车在现场留下的制动拖印较明显较宽

  D. 事故车车身无受损

(14) 下列关于《中华人民共和国道路交通安全法实施条例》中对车辆装载的有关规定描述错误的是( )。

  A. 客车不得超载,所乘免费儿童不得超过总人数的20%

  B. 重型、中型载货汽车,半挂车载物,高度从地面起不得超过4m,载运集装箱的车辆不得超过4.2m

  C. 载客汽车行李架载货,从车顶起高度不得超过0.5m,从地面起高度不得超过4m

  D. 摩托车后座不得乘坐未满12周岁的未成年人

(15) 我国《机动车登记规定》规定汽车合法改装主要表现形式有( )。

  A. 改变车身颜色

  B. 小型、微型载客汽车加装前后防撞装置

  C. 加大轮胎

  D. 自行开天窗

(16) 不属于常见免责路线的是( )。

  A. 免责路况(如:晴天将车开进水坑)   B. 出险地点超出保单所列明的行驶区域

  C. 出险地点是保单所列明的责任免除地   D. 大雾时行驶在高速公路上

(17) 下列不属于标的车进厂修理期间出险现场常见现象的是( )。

  A. 标的车受损不严重

B. 驾驶员多为修理厂修理人员

C. 除了现场碰撞痕迹外还有其他修理期间出现的特征

D. 驾驶员可能刻意隐瞒修车事实

(18) 下列不属于报案地点不真实的事故常见现象为( )。

 A. 事故肇事方赔偿后再报案　　B. 驾驶员酒后驾车,清醒后报案

 C. 案件异地出险　　D. 案件根本就是伪造案件

 E. 车辆停放,事故肇事方不明

(19) 现场询问时封闭式提问的作用是( )。

 A. 自由发挥　　B. 启发对方

 C. 让谈话有深度和趣味　　D. 控制对方

(20) 查勘员在现场对责任确定包括两层含义:一是确定被保险车辆的事故责任,二是确定( )。

 A. 被保险人的赔偿责任　　B. 保险人的保险责任

 C. 驾驶员的赔偿责任　　D. 第三者的赔偿责任

2 思考题

(1) 事故现场照片合格与否从哪些方面考核?

(2) 当查勘人员和事故当事人对于查勘结论出现分歧时,该如何处理?

3 技能考核

请根据车辆事故模拟现场进行现场查勘操作,并按评分表(表2-1)进行考核。

保险事故现场查勘操作评分表　　　　　　　　　　　表2-1

基本信息	姓　　名		学　　号		班　　级		组　　别	
	规定时间		完成时间		考核日期		总评成绩	
任务工单	序号	步骤	标准分		评分标准			评分
	1	到达现场	10	(1) 符合服务规范、使用标准话术,得分3分; (2) 事故信息要素了解全面无误,得分4分; (3) 事故施救操作符合规范,得分3分				
	2	拍摄现场照片	26	(1) 照片清晰,符合基本要求,得分4分; (2) 信息要素齐全,得分18分,少一项扣2分; (3) 全部照片拍摄顺序合理,数量适中,得分4				
	3	确认保险标的	10	(1) 查验项目无遗漏,得分6分,少一项扣2分; (2) 判断准确,得分4分				
	4	查验事故信息并取证	20	(1) 查验项目无遗漏,得分16分,少一项扣2分; (2) 取证方法选用得当、证据充分,得分4分				
	5	定性定责定损	24	定性、定责、定损结论准确,错一项扣8分				
	6	指导索赔、告别客户	10	(1) 符合服务规范、使用标准话术,得分4分; (2) 指导内容无遗漏,得分6分,少一项扣2分				
	总分合计		100	评分合计				

四、拓展学习

项目1　水淹车辆事故现场查勘

1 项目说明

每到夏季,因暴雨、洪水等自然灾害造成的汽车损坏,在给车主带来使用方面极大不便的同时,也会给车主和保险公司造成较为严重的经济损失,本项目就某车辆水淹事故学习水淹现场特征和查勘要点。

事故概述:事故车在暴雨后行驶经过水坑时,由于驾驶员对水深估计不足,导致发动机进水和前保险杠拖车盖遗失。

2 操作步骤

1)到达现场、事故施救

在遇到暴雨或洪水时,一些经验不够丰富的驾驶员、一些处理水灾受损汽车经验不多的保险公司查勘人员、汽车维修人员往往会不知所措,由于所采取的措施不当,扩大了汽车的损失。查勘员接到水浸车辆查勘任务时,应第一时间快速赶赴现场,除了按照常规查勘步骤完成对事故经过的了解,还要特别注意事故的施救。

查勘员沉着、理性地协助施救人员进行车辆施救工作,尽可能缩短施救时间,尽快使水浸车辆受损部件得以拆解、清洗,能够最大限度地降低车辆损失。水淹车辆的施救应遵循先高档后普通、先轿车后货车、先重后轻的原则,现场常见施救措施有拆解施救和车辆施救,其中以现场拆解施救尤其重要:

(1)现场车辆施救:查勘员应该指导被保险人积极做好自救工作,如垫高车辆高度,避免扩大损失(图2-29);充分调动公司人力物力,积极发挥公估、救援单位等社会资源,实现现场处置能力的最大化,将车辆拖离事故现场(图2-30)。

图2-29　垫高车辆高度

图2-30　将汽车前轮托起后进行牵引

(2)现场车辆拆解:由于车载电器的高价值、易损坏的特性,有条件情况下查勘员应尽可能安排汽车修理电工,对电脑模块、车载导航、车载音响系统及其他价值较高的电气部件进行现场拆卸,并进行预处理后,再将受损车辆直接拖至修理厂进行继续处理,可以避免扩大损失(图2-31)。实践证明:水浸车辆从起水时间起3h内能够拆解、清洗、干燥完毕的,95%以上的电子设备和电器部件无需更换,可以继续使用。水淹车辆的部分内饰如果被淹时间不长,亦可通过及时处理和晾干,减少损失(图2-32)。

图2-31　丰田佳美电脑板马上清洗前后对比

图2-32　水淹车辆内饰晾晒

2)拍摄现场照片

常规要求拍摄现场照片:全景照(图2-33)、中心照(图2-34～图2-36)、损失细目照(图2-37、图2-38),单证照片和人车合影照片此处略。需特别注意拍摄标的车被水淹没高度、部位的照片,如图2-39所示该车辆的水淹高度乘员舱进水,水面在驾驶员座椅坐垫面以上,仪表工作台以下。

图2-33　水淹事故全景照

图2-34　水淹事故中心照

图2-35　水淹事故前景照

图2-36　水淹事故后景照

图 2-37　车内受损照

图 2-38　车辆前保险杠拖车盖遗失

图 2-39　水淹车辆高度为 70cm

3) 确认保险标的、查验信息并取证

查勘员在对水淹车辆身份进行核实,以及对事故信息进行查验取证时,除了常规的查勘工作内容外(此处略),还必须确定水淹车辆事故具体类型、水淹高度、水淹时间、水质四项内容。

(1) 水淹车辆事故具体类型。车辆因水灾而受到损失时,它是处于行驶状态还是停置状态,既是判断保险责任的重要依据,也是判断事故损失的重要前提,所以在事故现场对水淹事故形态进行判定很重要。常见的水淹车辆事故类型分为停放被淹、涉水行驶被水浸、涉水行驶与停放被淹并存三种:

① 停放被淹。在灾害性天气频发季节里,由于车辆停放场所地势低洼或排水排洪不畅,都可能造成积水淹没汽车。停放被淹汽车根据水淹高度会导致安装在汽车不同位置的电子设备、电气线路、安全装置、座椅和内饰等受损坏,而且水淹位置越高,损失越大。

停放被淹主要损失在于内饰、灯具、电器和电子设备等;发动机有可能进水,由于发动机不运转,不会导致发动机内部的损伤,只要及时处理得当,一般不会有实质性损坏。如果拆解后发现发动机内部的零部件产生了机械性损伤,如连杆弯曲、活塞破碎、缸壁捣坏,可以界定为操作措施不当所造成的损失扩大。

② 涉水行驶被水浸。车辆处于行驶状态时被水淹所造成的损失通常是由于水被吸入发动机,造成发动机零部件的严重受损。车辆涉水行驶的常见现象有三种:

一是车辆在水中行驶,但是水位低于发动机的进气口(空滤器位置),发动机未进水,车辆没有受损。

二是水位低于发动机的进气口,但由于车辆本身行驶冲浪导致发动机进水造成发动机内部损坏。

三是其他车辆行驶产生波浪,水浪吸入发动机导致发动机内部损坏;或是其他车辆(物体)造成水花飞溅,飞溅的水花被正在路上行驶的车辆吸入汽缸,导致发动机内部损坏。

四是由于驾驶员对水深估计不足,盲目发车导致车辆受损,如一些车辆因暴雨堵车在路边临时停车,看到前方车辆前行以及后车鸣笛催行,由于对水深估计不够,试图发动车辆行驶,未考虑到该车型空滤器位置较低而吸水导致发动机损坏。

涉水行驶导致的发动机进水,基本上都会对发动机内部造成损坏,通常涉水行驶的水位都相对较低,对汽车的内饰、灯具、电器和电子设备等造成的损失相对较小。

③涉水行驶与停放被淹并存。当车辆因涉水行驶导致发动机进水熄火,如果未能及时采取措施将车辆转移至高处,随着水位的继续上涨,就会造成涉水行驶与停放被淹的合并损失,这也是水浸车辆的最大损失。

(2)水淹高度。在事故现场确定水淹高度,可以有效地区分车辆的仪表台及内饰、电脑模块等损坏的可能性以及发动机损坏的可能性。水淹程度分三类:一是轻度。浸水至发动机中部以下,车厢进水,发动机无需打开检修,以地板清洗和底盘维护为主。二是中度。浸水至发动机机油口以上、仪表台以下,发动机很可能进水,需打开检验,部分电子器件拆卸维护、座椅烘干,部分电器测试。三是重度。浸水至仪表台以上,仪表、发动机、顶篷、电子器件、内装饰、座椅、地毯等拆卸、烘干、清洗、检测。

也可以把水淹高度情况分为六个等级:

①制动盘和制动鼓下沿以上,车身地板以下,乘员舱未进水。

②车身地板以上,乘员舱进水,而水面在驾驶员座椅坐垫以下。

③乘员舱进水,水面在驾驶员座椅坐垫面以上,仪表工作台以下。

④乘员舱进水,仪表工作台中部。

⑤乘员舱进水,仪表工作台面以上,顶篷以下。

⑥水面超过车顶,汽车被淹没顶部。

每一级的损失程度各不相同,相互之间差异较大。具体内容将在后面的损失评估时再进行定性和定量分析。

(3)水淹时间。汽车被水淹时间的长短,也是其水淹损失程度的一个重要参数。水淹时间的长短对汽车所造成的损伤差异很大。在现场查勘时,确定水淹时间是一项重要工作。水淹时间通常用 H 表示,单位为小时,通常分为六级:

①第一级:$H \leq 1h$。

②第二级:$1h < H \leq 4h$。

③第三级:$4h < H \leq 12h$。

④第四级:$12h < H \leq 24h$。

⑤第五级:$24h < H \leq 48h$。

⑥第六级:$H > 4h$。

每一级所对应的损失程度差异较大,在后面的损失评估时将进行定性和定量分析。

(4)水质情况。在对汽车的水淹损失评估中,通常将水分为淡水和海水,由于淡水水淹损失的案例在我国的保险事故中相对较多。在对淡水水淹汽车的损失评估中,应该对淡水的混浊情况进行认真了解。多数水淹损失中的水为雨水和山洪形成的泥水,但也有由于下水道倒灌而形成的浊水,这种城市下水道溢出的浊水中含有油、酸性物质和各种异物。油、酸性物质和其他异物对汽车的损伤各不相同,必须在现场查勘时仔细检查,并作明确记录。

在查勘这些情况并取证时同样采用前面介绍过的问、闻、看、思、摄等查勘取证方法。除了以上四个需要特别增加的信息外,其他信息查勘工作也要做,如对驾驶员、事故车辆、事故发生、事故损失等有关信息进行查验并取证,依据这些信息来判断事故真伪、事故是否属于保险责任范围、事故损失的大小。尤其是可能涉及道德风险、责任免除、违反被保险人义务的案件更应针对性地开展调查和取证。

该案件查勘结论:事故车在暴雨后行驶经过水坑时,由于驾驶员对水深估计不足,车辆进水熄火,导致车辆受损。事故类型为涉水行驶被水浸;水淹高度为第三等级;时间为二级水淹,2h;水质为淡水。

4)定性定责

水淹车辆事故的定性定责关键有两点:

①关注事发时当地的天气情况,因为在车辆损失险条款中列明的责任条款是仅有暴雨、洪水造成的水淹车事故属于保险责任,暴雨、洪水以当地气象部门正式公布的报告为准,当地新闻媒体予以正式刊登的,也可以作为依据。如没有发生暴雨、洪水而出现的水淹车事故不属于保险责任,上报分公司理赔负责人和后援中心审核后向被保险人下达拒赔通知书。

②了解损失发生的具体经过和原因,由于保险公司的车险条款明确规定:发动机进水后导致的发动机损坏列为除外责任(不包括投保了发动机特别损失附加险的车辆),车辆停放在静止状态下被水淹导致的发动机进水且未再次启动发动机则属于保险责任。所以保险车辆在被淹过排气管的水中再次启动使发动机受到的损失,或者是车辆被水淹过之后因操作不当导致的发动机损坏,保险人不承担保险责任。这就使得界定因水灾造成的发动机损坏时,哪些属于保险责任,哪些不属于保险责任,显得非常重要。

该案件查勘结论:事故属实,车身损失是保险责任,发动机损失不属于保险责任。

5)事故估损

从保险公司的业务划分来看,因暴雨或水灾造成的汽车损失主要分为五种:

①由于暴雨淹及车身而进水,导致汽车金属零部件的生锈、电子电器的损坏、内饰的损坏等损失。

②由于汽车发动机已经进了水,事后驾驶员未经任何排水处理,甚至直接就在水中进行了重新启动发动机的操作,导致其内部的机械零部件损坏。

③一些在流动的雨水中的漂游物或其他原因对汽车的车身、玻璃等所发生的擦撞、碰伤等损失。其他直接相关原因造成的汽车损失。

④汽车落水以后,为了从水中抢救汽车,或者为了将受损汽车拖到修理厂而支付的施救、拖车等费用。

⑤汽车被水冲失所造成的全车损失。

现场查勘时必须对事故的损失从这五个方面进行查勘并取证,记录在现场查勘报告中,不能有遗漏或添加。

该案件查勘结论:车辆车身油漆和车辆金属零部件生锈、电子电器损坏、内饰损坏以及前保险杠拖车盖遗失,具体内容必须经过定损工作才能确定。

6)索赔指导、告别客户

案件处理完毕后,查勘员要告知被保险人常规的索赔流程,同时还要特别告知被保险人水淹案件索赔时被保险人需要亲自携带保单正本、机动车行驶证、驾驶证、被保险人身份证和由气象部门出具的暴雨证明(或当地新闻媒体予以正式刊登的暴雨或水灾相关报道)五项证件前往承保公司办理索赔手续。

项目2 火烧车事故现场查勘

1 项目说明

车辆火灾损失令人触目惊心,如果扑救稍不及时,整辆车转眼之间就会化为灰烬,若在行驶中起火,还会给驾乘者造成严重的人身伤害。因此,保险公司对投保车辆发生的火灾事故非常重视,查勘员在现场要能够准确分析起火原因,掌握火灾的扑救措施,了解火烧车辆损失的理赔规则,本项目就某车辆火烧事故学习火烧车的现场特征和查勘要点。

事故概述:标的车在道路上熄火后无法启动,检修过程中被三者车碰撞车身后部,导致标的车后部受损,三者车碰撞后起火,全车烧毁。

2 操作步骤

1)到达现场、了解事故概况、指导施救

在接到火烧车报案时,接报案工作人员应要求被保险人或报案人立即通知公安消防部门进行火灾施救,并对事故进行鉴定,出具事故证明。查勘员应尽快赶赴现场,指导被保险人进行事故施救,然后照常完成对事故经过的了解。

2)拍摄现场照片

按照常规要求拍摄现场照片:全景照(图2-40、图2-41)、中心照(图2-42、图2-43)、损失细目照(图2-44~图2-47),其他细目照、单证照片和人车合影照片此处略。

图2-40 火烧车事故全景照(前面)

图2-41 火烧车事故全景照(后面)

图2-42 火烧车事故中心照(标的车)

图2-43 火烧车事故中心照(三者车)

图2-44 标的车损失细目照1

图2-45 标的车损失细目照2

图2-46 三者车损失细目照1

图2-47 三者车损失细目照2

火灾事故如果是碰撞起火,需注意对制动痕迹、碰撞痕迹等与事故原因有关的痕迹进行拍摄,如图2-48所示是三者车碰撞后的散落物;如果火势控制较好,车辆受损不严重,要特别注意尽量拍摄车辆燃烧起火点的照片,如图2-49所示是一辆使用几个月的帕萨特行驶中,因仪表台下线路故障产生高温将线外包皮烧焦,仪表台受高温变软熔化,经施救火未燃起的事故,照片反映的就是车辆的起火点。

图2-48 三者车碰撞散落物

图2-49 某车辆起火点照片

3）确认保险标的、查验信息并取证

查勘员在对火烧车辆事故现场进行查验取证时，需要特别注意下面几点：

(1)保险标的身份确定。在车辆被烧毁后，辨别身份非常关键，应找出车辆特征的车架号、发动机等可能的识别信息进行核实。如车辆已经全部烧毁，拓印车架号和发动机号；如车辆车架号部分未烧毁，需拍摄照片后再拓印车架号。需核对车架号、发动机号是否与保单记录、行驶证信息相一致。如标的行驶证也一并烧毁，需到车辆登记机关核对原始登记档案，确认是否为保险标的，在查勘报告中说明。

(2)分析车辆起火原因。车辆起火原因分类：自燃、引燃、碰撞起火、爆炸、雷击。由于起火原因不同，保险责任也会不同，所以起火原因是火烧车事故查勘中的重点内容。

尽管车辆起火原因可能极其复杂，但就其实质而言，始终离不开物体燃烧的三大基本要素：火源、可燃烧的物体、充足的氧气（或空气）。在分析起火原因时，应该围绕以下三个问题开展调查：

①导致汽车起火的火源（火花或电火花）在哪儿？通过现场有关人员的走访和调查，检查车辆燃烧痕迹和车身不同位置的烧损程度，判断出燃烧起火点及火源。

②周围是否存在易燃物品？如：汽油、柴油、润滑油、易燃物等。

③火源与易燃物品的接触渠道中是否有足够的空气可供燃烧？

通过以上的调查，分析出起火原因，为下一步的准确理赔奠定基础。

4）定性定责

(1)确定事故真伪。在前面的查勘工作中已经查清了着火点和起火原因，结合其他事故信息，事故的真实性即可判断。需要特别注意对残旧车辆、淘汰车辆、低价值高保额车辆，要认真查勘、分析，特别是对于出险地点离市区较远、出险时间特别（如夜间、凌晨）的火烧车案件，应向目击者了解事故前后情况，并向与本次出行有关的当事人进行核实出行的理由是否充分，对车主的财务状况进行调查，有无骗赔企图。

(2)确定保险责任。火烧车保险定责有两个重点：一是明确保险公司的责任范围；二是判断车辆是否自燃。

保险公司规定承担赔偿责任（已投保车损险、自燃损失险）：车辆因自身电器、线路老化、过载、短路所致后由于供油、货物原因起火；发生交通事故时，与外界碰撞后起火、燃烧；

外部火源引发保险车辆起火等。

保险公司不承担赔偿责任（投保车损险、未保自燃损失险）：车辆因自身电器、线路老化、过载、短路后由于供油、货物原因起火；修理期间外部火源引发保险车辆起火；违反车辆安全操作原则，用有火焰的火（如喷灯、火把）烘烤车辆造成保险车辆损失；因车辆残旧高额投保骗赔放火等。

对于不属于保险责任的，一定要取得公安消防部门关于车辆火灾原因分析报告或车辆火灾原因相关证明，上报分公司理赔负责人和后援中心审核后向被保险人下达拒赔通知书。

对于汽车起火的五种类型自燃、引燃、碰撞起火、爆炸、雷击，一般说来，后四种类型的火灾比较容易鉴别，在赔付方面也大都包含在了车辆损失险的理赔范畴之内，相对来说比较简单。但是，自燃的判别往往存在着一定的难度。因而，在汽车火灾损失的查勘实践中，就存在着准确区分是否属于自燃的问题。

5）事故估损

汽车起火燃烧以后，其损失评估的难度相对大些。如果汽车的起火燃烧被及时扑灭了，可能只会导致一些局部的损失，损失范围也只是局限在过火部分的车体油漆、相关的导线及非金属管路、过火部分的汽车内饰。如果汽车的起火燃烧持续了一段时间之后才被扑灭，凡被火"光顾"过的（如车身的外壳、汽车轮胎、汽车内饰等）可能都会报废。如果起火燃烧程度严重，外壳、汽车轮胎、汽车内饰等肯定会被完全烧毁。部分零部件（如控制电脑、传感器等）可能会被烧化，失去任何使用价值。一些看似"坚固"的基础件（如发动机、变速器等）在长时间的高温烘烤作用下，会因"退火"而失去应有的精度，无法继续使用，此时汽车离完全报废的距离已经很近了。

火烧车事故现场一般不对事故损失进行评估，拍摄取证即可。

6）索赔指导、告别客户

案件处理完毕后，查勘员要告知被保险人常规的索赔流程，同时还要特别告知被保险人应取得县级以上公安消防部门出具的火灾原因分析报告或火灾原因证明，驾驶证、行驶证在火灾中烧失无法提供复印件的，需到车辆管理所查抄驾驶员、车辆登记底档。

项目3　盗抢事故现场查勘

1　项目说明

车辆被盗，肯定会给车主造成经济方面的极大损失和精神方面的不愉快。如果车主的汽车在保险公司投保了盗抢险，应该可以在经济方面获得保险公司的赔付。本项目就某车辆盗抢事故学习盗抢案件的现场查勘技巧和方法。

事故概述：被保险人将标的车停放在某医院门口，次日早上5时发现车辆不见了，上午9时驾驶员向保险公司和当地派出所报案。

2　操作步骤

1）到达现场、了解经过

查勘员接到派工后，立即赶赴第一现场查勘。盗抢案件的查勘工作主要是走访、调查现场有关人员,调查车辆停放、保管、被盗抢的情况,特别注意了解车辆被盗前的使用及停放情况。

本案了解到的案情:2012年3月9日19时,驾驶员将标的车停放在某医院门口的停车坪,次日早上5时驾驶员的父亲发现车辆不见,多方寻找未果,上午9时驾驶员向保险公司和当地派出所报案车辆遗失。

2) 拍摄现场照片

按照常规要求拍摄现场照片:全景照(图2-50、图2-52)、中心照(图2-51、图2-54)、细目照(图2-53、图2-55),其他细目照、单证照片和人车合影照片此处略。

图2-50 标的车被盗的某医院门口(全景照)

图2-51 标的车被盗具体地点(中心照)

图2-52 标的车被盗地点道路环境(全景照)

图2-53 被盗地对面街道的监视器(细目照)

图2-54 标的车车牌被盗(中心照)

图2-55 标的车车牌被盗(细目照)

3)查验信息、现场取证

(1)车辆盗抢案件查验信息的重点与普通案件有所不同,主要是以下三点:

①查验驾驶员信息,并取证。关于出险驾驶员除了常规要调查的内容外,特别要仔细调查驾驶员个人情况(如姓名、身份证号码、居住情况);与被保险人的关系;被保险人与行驶证车主的关系;车辆为何由出险驾驶员使用。调查的方法是询问当事人和被保险人,并做好笔录。

②查验车辆信息,并取证。关于出险车辆除了常规要调查的内容外,特别要仔细调查的是:

a. 调查车辆购置情况:调查被盗抢车辆的购置、入户上牌及过户等情况,如被盗抢车辆发生转让,应请被保险人及时提供有关转让证明。对被保险人的财务状况进行调查,防止被保险人因财务状况恶化或利用价差进行保险诈骗。

b. 了解车辆档案:到公安车辆管理部门,核实档案记载的车牌号、车型、生产及上牌时间、车架及发动机号码等资料,核对被盗抢车辆是否已经挂失、封存档案。

c. 调查车匙及修车情况:调查被盗车辆近期维修情况(最近的维修地点、维修项目和维修时间)、被盗车辆的钥匙配备情况,对钥匙进行鉴定,判断是否曾经配过。

d. 平时车辆借予他人使用的情况。

e. 被盗抢前车辆使用情况(从何地至何地停放、使用原因、是否保管)。特别注意停车场收费情况,要求客户提供停车收费凭证,如该地点有人看管收费,请客户协助要求保安、管理人员或物业出具相关证明并写明收费看管情况(如停车场看车人员的有关书面材料),为车辆丢失后追偿提供依据。

③查验事故经过及原因。查验保险车辆丢失或被抢的详细经过,对案件发生有何线索可向公安机关或保险公司提供。汽车被盗窃案出险经过与原因除正常的调查项目以外,还应重点调查:

a. 被保险人有无因民事、经济纠纷而导致保险车辆被抢劫、抢夺;

b. 被保险人有无将非营业标的从事出租或租赁的行为,有无租赁车辆与承租人同时失踪现象。

(2)公安案件情况。

①调查报警情况,走访接报案公安部门的值勤民警,了解、记录接报案的详细情况。

②调查案件侦破情况。调查人员应经常与公安机关刑侦部门联系,积极协助破案。在保险车辆被盗抢3个月后,应及时了解被盗抢车辆的侦破情况。

该案件查勘结论:通过对当事人的询问调查,得知标的车驾驶员与被保险人是雇佣关系,车主与被保险人是同一人;被保险人与他人之间未存在经济纠纷;车辆是2011年12月9日从广州购买,车价为19.7万元;购有盗抢险,保费已经支付;车辆原配钥匙两套均在;车辆原配置中没有防盗抢报警装置;车辆平时停放地点是驾驶员住宅的楼下,不属于收费停车地点;车况良好,车辆用途为商务用车,与被盗没有关系;发现车辆被盗的是驾驶员的父亲;发现车辆被盗后驾驶员立即向保险公司和派出所报案。

4)定性定责

(1)确定事故真伪。对于车辆盗抢案件通过前面的调查取证,可以对事故的真实性进行判定。如果发现案件中存在某些疑点、牵涉到经济纠纷、非法营运等行为,应作进一步调查,取得可靠证据。可以通过公安部门进一步了解案件性质,也可向有关的个人或单位负责人了解情况。

(2)确定保险责任。查勘员要准确判定保险责任,必须充分了解保险公司的汽车盗抢险条款。

盗抢险保险责任:保险车辆(含投保的挂车)全车被盗窃、被抢劫、被抢夺,经县级以上公安刑侦部门立案证实,满3个月未查明下落;保险车辆全车被捆劫、被抢夺过程中发生事故造成保险车辆损失需要修复的合理费用;保险车辆在被盗窃、被抢劫、被抢夺后受到损坏或车上零部件、附属设备丢失需要修复的合理费用。

盗抢险责任免除:非全车遭盗抢,仅车上零部件或附属设备被盗窃、被抢劫、被抢夺;保险车辆被盗窃未遂造成保险车辆的损失;保险车辆被诈骗、罚没、扣押造成的全车或部分损失;全车被盗窃、被抢劫、被抢夺后,保险车辆肇事导致第三者人员伤亡或财产损失;保险车辆与驾驶员同时失踪;被保险人因民事、经济纠纷而导致保险车辆被抢劫、抢夺;被保险人及其家庭成员、被保险人允许的驾驶人员的故意行为或违法行为造成的损失;被保险人未能向保险人提供出险地县级以上公安刑侦部门出具的盗抢案件证明、车辆已报停手续及机动车辆登记证书。

该案件的定责结论:事故属于保险责任中的"保险车辆全车被盗窃"现象,查勘员给出"建议立案"的结论。如果车辆在3个月内找回,保险公司承担"保险车辆在被盗窃后受到损坏或车上零部件、附属设备丢失需要修复的合理费用";如果车辆在3个月内未能找回,保险公司承担全车丢失的风险。图2-54、图2-55中的标的车车牌被盗则属于责任免除中"非全车遭盗抢,仅车上零部件或附属设备被盗窃"现象,保险公司不承担损失的赔偿责任。

5)事故估损

盗抢案件现场一般无法估损,查勘员只能在现场完成初次查勘报告,在报告中记录案件信息和定性定责的结论。之后案件处理人员要注意跟踪案件的侦破情况,应经常与公安机关刑侦部门保持联系,积极协助破案;在车辆被盗抢3个月后,应及时主动了解侦破情况。所有调查工作应在被盗抢车辆的3个月侦破期内完成,并缮制两次查勘报告。

6)索赔指导、告别客户

案件处理完毕后,查勘员要告知被保险人常规的索赔流程,同时还要特别告知被保险人以下几点:

(1)索赔时必带物件:出险通知书(由保险公司提供,保户填写),公车须盖章,私车须签字、保险单原件、《机动车行驶证》原件、购车发票原件、购置费缴费凭证和收据原件、权益转让书(保险公司提供),公车须盖章,私车须签字、机动车丢失证明原件(由公安局提供)、汽车钥匙、机动车停驶证明原件(交通局提供)、车主证件:车主是单位的须营业执照,是个人的须身份证、养路费收据原件、赔款结算单(保险公司提供),公车须盖章,私车须签字。其中,《机动车丢失证明》、《机动车停驶证明》两项必须提供,否则保险公司不予赔偿。

(2)赔偿处理方式。如果被盗抢的汽车在3个月以内未追回,保户即可向保险公司索赔。在保险金额内计算赔偿,并实行20%的绝对免赔率。但保险车辆被盗窃,被保险人在索赔时未能提供《机动车行驶证》、《机动车辆登记证书》、购车原始发票、车辆购置税凭证、原车钥匙,每缺少一项增加一定的免赔率。未能提供车辆停驶手续或出险当地县级以上公安刑侦部门出具的盗抢立案证明,保险人不承担赔偿责任。

保户获得赔偿后,若被盗抢的车找回,保险公司可将车辆折旧给保户,并收回相应赔款。如保户不愿收回原车,则车辆所有权归保险公司所有。如保户自公安部门出具被盗抢证明之日起,3个月内不提交上述单证,保险公司即视为保户自愿放弃权益。

如果保险车辆全车被盗窃、被抢劫、被抢夺过程中及其以后发生事故造成保险车辆、附属设备丢失或损失需要修复的合理费用,在保险金额内按实际修复费用计算赔偿。

学习任务3 车辆保险事故现场查勘报告的撰写

学习目标

1. 能够完整填写查勘报告内容；
2. 能够准确记录事故基本信息；
3. 能够得出查勘意见言简意赅、结论正确；
4. 能够掌握查勘报告填写的基本规范及要点；
5. 能够掌握不同类型案件查勘报告填写的规范。

学习时间

4学时。

工作情境描述

对于标的车湘A123××的车险案件，查勘员金某某在完成学习任务2中的现场查勘工作后，根据核实的情况填写查勘报告，并请标的车驾驶员张某某签字确认。

学习引导

填写车辆基本信息 → 填写事故原因、经过及受损情况 → 绘制现场草图 → 签字确认 → 做出查勘结论

一、知 识 准 备

1 车辆保险事故现场查勘报告的意义和作用

车辆保险事故现场查勘报告是查勘员在完成现场查勘后，对事故经过、责任认定、是否属于保险责任、是否立案进行明确的书面工作记录。查勘报告作为有效的第一现场凭证，是公正、客观、严密地反映事故真相的根本依据；是准确记录认定事故责任、依法正确处理

机动车辆保险意外事故的基础和前提;为接下来的保险理赔处理打下了基础,也是有效掌控风险、降低赔付率的关键一环。

2 撰写车辆保险事故现场查勘报告主要目的

(1)记录车辆保险事故过程中的主要情节,包括现场的证据、基本的信息要素、关键性细节等。

(2)根据查勘,在查勘报告中记录特殊痕迹和物证,确定损失范围(防止人为损失扩大),为判断是否酒后驾驶、故意行为、伪造现场等除外责任范围或欺诈行为做出有力的资料证据。

(3)为侦破交通肇事逃逸案件提供线索和现场原始证据。

(4)车辆保险事故现场查勘报告是客户应该享有的对事故经过记录和结论的知情权,同时为客户后续索赔提供有效的原始资料。

(5)车辆保险事故现场查勘报告具体公开公正的效力,不得善意涂改,必须经过客户和查勘员双方签字确认才生效,即保障了客户的权益也维护了保险公司方的权益。

3 车辆事故现场查勘报告的形式

车辆事故现场查勘报告的形式分为简易(格式化报告)和复杂(文本式报告)两种,本教材以保险行业常见的简易案件快速处理查勘报告单证(即格式化报告)为例进行学习。

4 车辆事故现场查勘报告撰写流程图

车辆事故现场查勘报告撰写流程如图3-1所示。

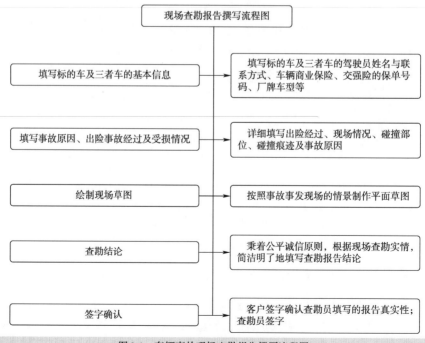

图3-1 车辆事故现场查勘报告撰写流程图

二、任务实施

1 项目说明

查勘人员赶赴车险事故现场，完成对现场信息的勘查和取证后得出查勘结论。为了后续的理赔工作能够顺利开展，必须将查勘过程中获得的信息和成果通过填写现场查勘报告的方式记录下来，主要内容包括标的车及三者车的基本信息、事故原因和经过及受损情况、现场草图、查勘结论、签字等。

本项目结合前面任务中设计的情境，由查勘员金某某撰写湘A123××标的车事故现场查勘报告。

2 技术要求与标准

(1) 严格按照现场查勘报告的规定格式填写、字迹清楚工整。
(2) 如实记录现场查勘情况，确保正确无误。
(3) 现场草图绘制常用图例和绘制规范。

3 设备器材

无设备器材。

4 作业准备

(1) 车险事故模拟现场的相关信息。
(2) 空白车辆事故现场查勘单若干、黑色钢笔、中性笔、尺子、写字板。

5 操作步骤

1) 填写标的车及三者车信息

填写内容包括：标的车及三者车当事人姓名、车牌号码、车型、保险单号、报案号、VIN码、发动机号码、出险时间、出险地点、出险原因及其他有效证件等，见表3-1。

提示：填写标的车及三者车信息时注意事项
(1) 出险时间和查勘时间具体到"分钟"，不能将日期写出框外或写在中间横线上。
(2) 当事人与被保险人的关系及被保险人的电话必须记录。
(3) 证件的有效日期不能遗漏。
(4) 纸质单证不留空格，未填写项目全部画斜线，字迹工整、不涂改、不出框。
(5) 车牌号等基本信息无误。
(6) 第三者投保信息很重要（核实第三者交强险投保记录），注明第三者驾驶员联系方式，尤其无警检事故，尽量填写齐全（包括第三者车辆信息）。

2) 填写事故原因、经过及受损情况

事故原因、经过及受损情况填写内容包括：事故出险经过及事故原因、现场情况、碰撞部位、碰撞痕迹、受损情况见表3-2。

现场查勘报告标的车及三者车信息填写范例　　　　表3-1

承保公司	标的车(A)：	第三者(B)：	第三者(C)：
被保险人	王某某	李四	
商业险单号	20120225 5336XXX	PDAA201244031709XXXXX	
交强险单号	201202255336XXX	PDAA201244031709XXXXX	
车辆号牌	湘A123XX	湘A456XX	
厂牌车型	长安	桑塔纳	
VIN码	LS4AAB3D59A50XXXX	1SA113393214XXXX	
驾驶员-证号	430422198411 14XXXX	430422197011 14XXXX	
联系电话	1568888XXXX	1338088XXXX	
出险时间：2012年2月10日13:50	出险地点：长沙市劳动西路广电门口		当事人与被保险人关系：朋友
查勘时间：2012年2月10日14:20	查勘地点：长沙市劳动西路广电门口		被保险人电话：15699 99XXXX
出险原因：碰撞☑ 倾覆□ 火灾□ 爆炸□ 台风□ 暴雨□ 自燃□ 玻璃单独破碎□ 车身划痕□ 其他□			使用性质：非营运
行驶证年审有效期：2012年3月	驾驶证有效起日期：2008年3月11日 6年有效		驾驶证准驾代号：A2

事故原因及经过、受损部位填写范例　　　　表3-2

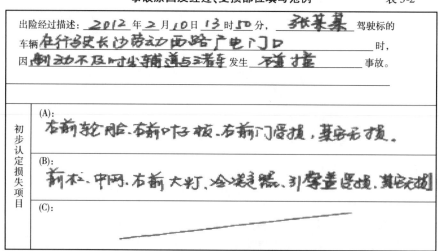

该部分内容记录的标准格式如下：

(1) 事故经过描述：××年×月×日×时×分,驾驶员××驾驶标的车在××路由×往×行驶至××路段时,因××与××号三者车(或其他物体)发生××事故,有/无(待)交警处理。

(2) 常见事故现场描述：①现场未/已移动,车辆的相对位置；②现场地面无散落物或散落有××等物,经拼凑还原比对,与××车缺损处吻合,见照片；③现场地面留有由××车造成的××形状(如弧形、S形、直线形等)的制动拖痕,长约×m；④现场地面是否湿滑等。

(3) 常见事故车辆碰撞部位及痕迹描述：①标的车的××、××部位与三者车(或××物体)的××、××部位碰撞,对痕迹的走向、新旧、表征和高度等进行描述；②其中××车的××部位附着××颜色的油漆,与××车身(或××物体)油漆/不吻合,三者车的碰撞部位为××、××、××部位有撞击印(擦灰印等),××部位受损。

(4)常见损失描述:①列出受损部位及大致损失情况;②本事故有/未造成物损,有/无人员伤亡。

提示:日常工作中注意事项

(1)地点填写要详细。

(2)受损部位名称不能写错,尤其是"左、右"写反的情况,如"右前轮胎"写成"左前轮胎"。

(3)事故经过的描述可根据实际情况灵活改变,但必须言简意赅,语句通顺无疑义,能详实地反映事实。

3)绘制现场草图

(1)车辆保险事故现场草图概念及意义。车辆保险事故现场草图是指查勘事故现场时,查勘员按一定的图形符号手工绘制的,对现场环境、事故形态、有关车辆、人员、物体、痕迹的位置及其相互关系所作的图形纪录,可以直观反映事故发生后事故现场与事故有关的物体和痕迹的相对位置及状态。

车辆保险事故现场查勘图能够表明事故现场的地点和方位,现场的地物地貌和交通条件;各种交通要素及与事故有关的遗留痕迹和散落物的位置;通过痕迹显示的事故过程,人、车、畜的动态。它是现场查勘的主要记录资料之依据。

(2)车辆保险事故现场查勘草图的基本内容。车辆保险事故现场查勘草图基本内容包括(图3-2):

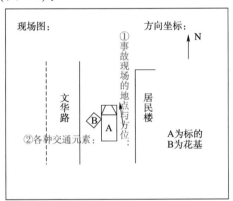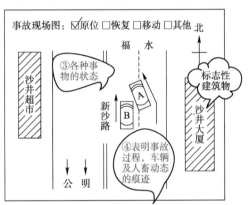

图3-2 现场草图内容

①事故现场的地点与方位,现场的地形地貌和交通条件。

②各种交通元素,以及与事故有关的遗留痕迹和散落物的位置。

③各种事物的状态。

④表明事故过程、车辆及人畜动态的痕迹。

(3)现场查勘草图的绘制过程(图3-3)。

绘制现场草图过程的注意事项:

①根据出险情况,选用适当比例进行草图的总体构思。绘制前,应首先对出险现场进行总体观察,对车辆、人、物品、痕迹、道路状况、地形地貌、建筑设施等要有总的轮廓。根据图纸大小和对现场的认识,选用合适比例,进行图面构思。

②按照近似比例画出道路边缘线和中心线。确定道路走向,在图的右上方绘制指北标

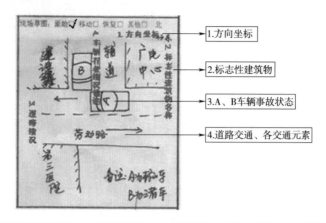

图 3-3 本案例现场草图

志。标注道路中心线与指北线的夹角。

③用同一近似比例绘制出险车辆,再以出险车辆为中心绘制各有关图例。有关图例的绘制按照规定执行。

④根据现场具体条件,选择基准点和定位法,为现场出险的车辆和主要物品、痕迹定位,标注尺寸,必要时加注文字说明。

⑤根据需要绘制立体图、剖面图和局部放大图(日常查勘工作中以平面图绘制为主)。

⑥核对、检查现场草图是否与现场实际相符,尺寸有无遗漏和差错。

小知识　立体图

　　立体图通常用以表述事故车辆及其与事故有关的建筑物、电杆等固定设施的正面、侧面和后面的外形轮廓、痕迹、遗留物等在空间的位置及其状态。剖面图分为纵剖面图和横剖面图:纵剖面图主要表示现场道路纵向构成空间几何线型,包括坡度大小、坡道长短、坡道的分配、坡道转折处、缓和曲线的长度、半径和视距等;横剖面图是沿着道路横向的垂直剖面,主要用于表示道路的横向构成、路拱、超高、周围地形及车辆的位置关系。日常查勘工作中一般案情比较简明的交通事故,在能够表现现场客观情况的前提下,力求制图简便,以平面图绘制为主,遇到个别特殊案件,根据需要绘制立体图,本章节讲解平面图的绘制。

小知识　现场查勘草图的绘制要求

　　①现场记录图是记录和体现车辆保险事故现场客观事实的证据材料,应全面、形象地表现交通事故现场客观情况。

　　②一般案情比较简明的交通事故,在能够表现现场客观情况的前提下,可力求制图简便。

　　③绘制各类现场图需要做到客观、准确、清晰、形象,图栏各项内容填写齐备、数据完整、尺寸准确、标注清楚。用绘图笔或墨水笔绘制、书写。

④ 现场记录图、现场比例图、现场分析图以正投影俯视图形式表示。
⑤ 车辆保险事故现场的方向,应按实际情况在现场图右上方用方向标标注,通常采用上北下南;对难以判断方向的,直接标注在道路图例内,注明道路走向通往的地名。

提示:日常工作中容易出错的地方:
(1)制作现场草图的过程中,方向标错;道路名称、道路行驶方向、路段地理方位标记、道路车行道分界线、方向标等因素标错。
(2)标的车和三者车标错,或者是忘记标记清楚;未标记路名或者是显著的建筑参照物;影响事故发生的因素(如行人、自行车、摩托车、宠物等)没画出。
(3)车辆的行驶方向和碰撞前后的运行轨迹没标明。

小知识 常用的现场查勘草图制作图例
(1)常用线条运用,见表3-3。

常 用 线 型 表   表3-3

线型名称	线条宽度(mm)	用 途
实 线	$B=0.5\sim1.0$	道路、桥梁界限、抛面图的道路面层线、车辆、建筑物轮廓线等
虚 线	$B/4\sim B/3$	不可见的轮廓线
细实线	$B/4\sim B/3$	路面标线、尺寸线、尺寸界限、引出线、高程线、建筑物的剖面线
点画线	$B/4\sim B/3$	路面中心线、轴线、对称中心线
波浪线	$B/4\sim B/3$	断裂线、中断线
双点画线	$B/4\sim B/3$	车辆可行路面与不可行路面界限、车道与人行道界限、其他辅助线

(2)道路设施图例,如图3-4所示。

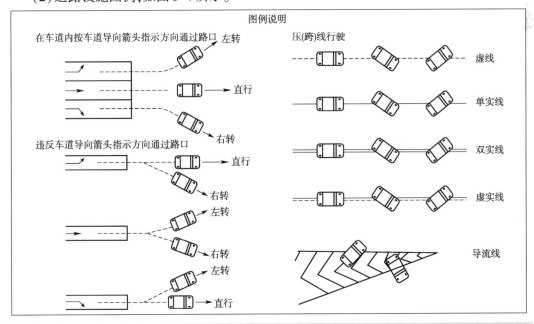

图3-4 道路设施图例

(3)交通元素图(带★的为常用图标)如图 3-5 所示。

(1)机动车图标					
含义	图形符号	含义	图形符号	备注	
★ 货车平面	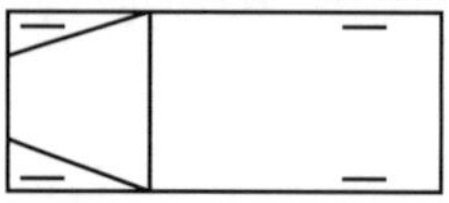	货车侧面	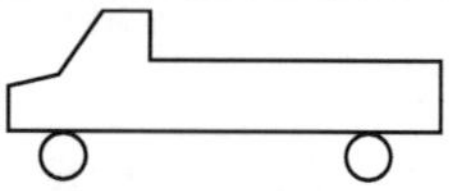	含平头货车、专用汽车、特种车	
★ 客车平面	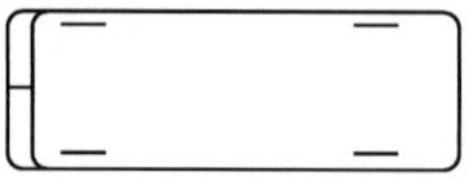	客车侧面		含无轨电车、特种车	
★ 轿车平面	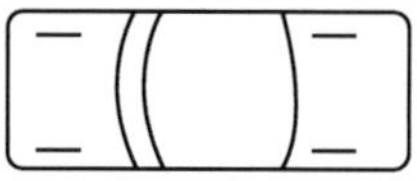	小轿车侧面	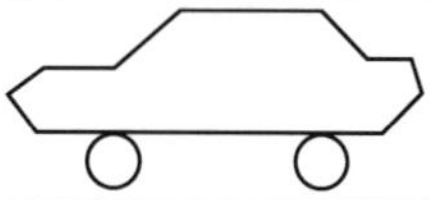	含吉普车、微型面包车	
★ 挂车平面	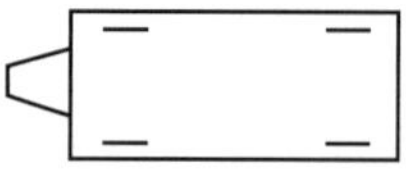	挂车侧面	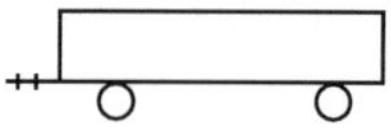	含全挂车、半挂车	
★ 二轮摩托车		轻便摩托车			
铰接式客车平面	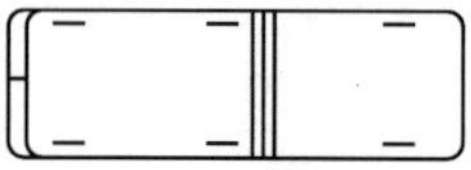	铰接式客车侧面	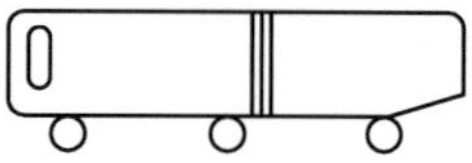	含铰接式无轨电车	
拖拉机平面	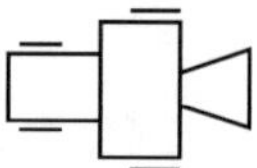	拖拉机侧面	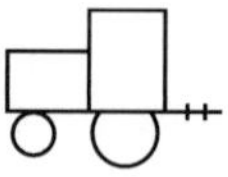	含专用机械	
手扶拖拉机平面	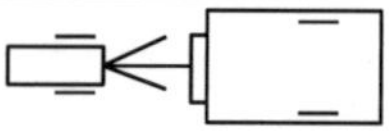	手扶拖拉机侧面			
后三轮摩托车	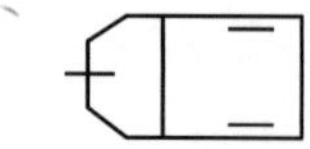	侧三轮摩托车			
(2)非机动车符号					
含义	图形符号	备注	含义	图形符号	备注
★ 自行车			兽力车	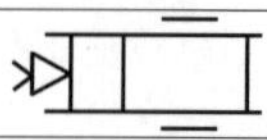	
三轮车	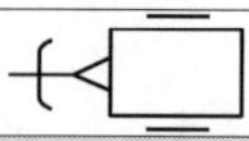		人力车	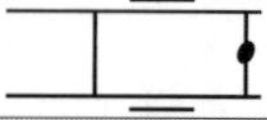	
(3)人体图形符号					
含义	图形符号	含义	图形符号	含义	图形符号
★ 人体		伤体		尸体	

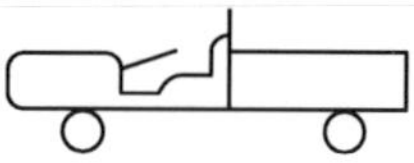

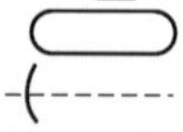

图 3-5

(4)牲畜图形符号					
含义	图形符号	含义	图形符号		备注
牲畜		惊畜			含牛、马、猪、羊等，需同时标注文字说明
伤畜		死畜			

(5)道路标线符号					
含义	图形符号	备注	含义	图形符号	备注
中心单实线			中心虚线	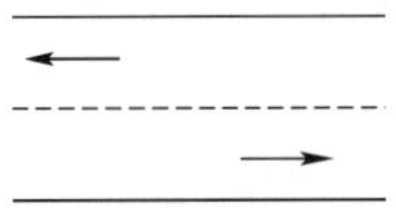	
中心虚实线	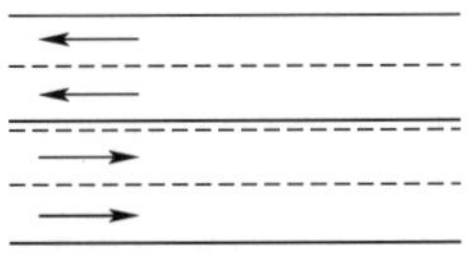		中心双实线	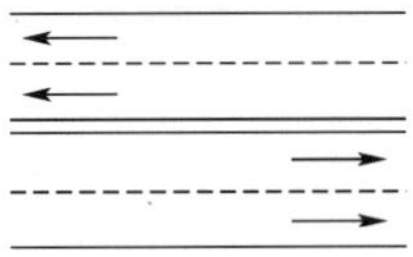	
停止线	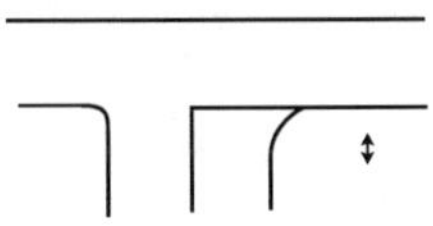		导向车道线	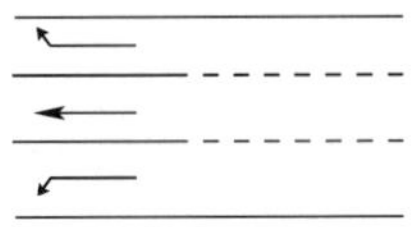	
车行道边缘线			车道分界线	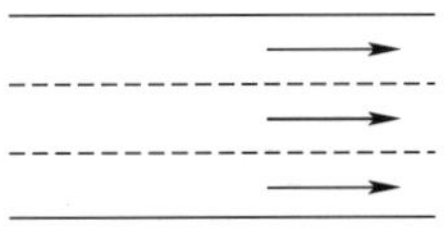	
停车让行线	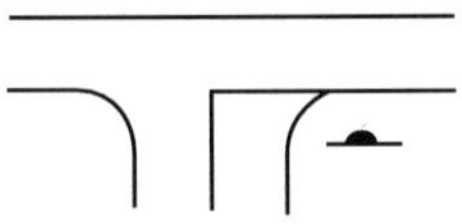		★中心圈	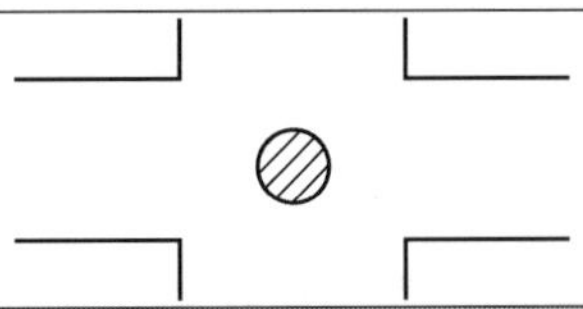	

(6)道路标线符号					
含义	图形符号	备注	含义	图形符号	备注
减速让行线	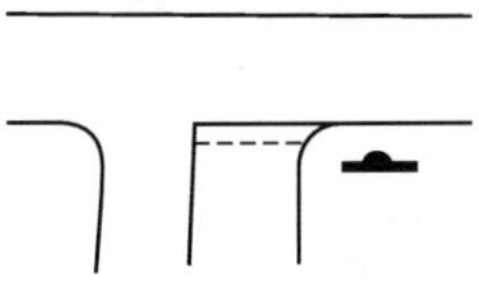		★倾斜式停车位标线	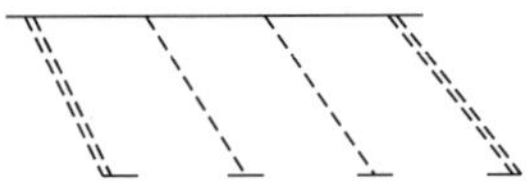	
左转弯导向线			★路面障碍物标线	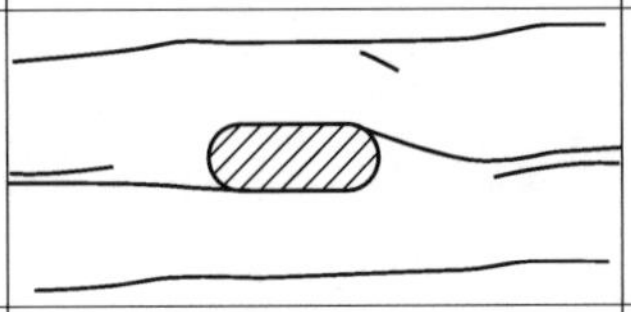	
港湾式停靠站标线	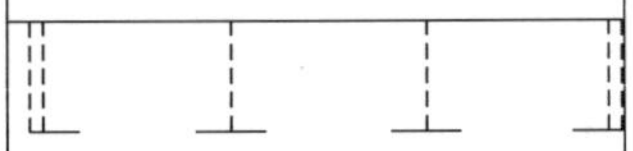		★平行式停车位标线		

图 3-5

(6) 道路标线符号

含义	图形符号	备注	含义	图形符号	备注
导流标线	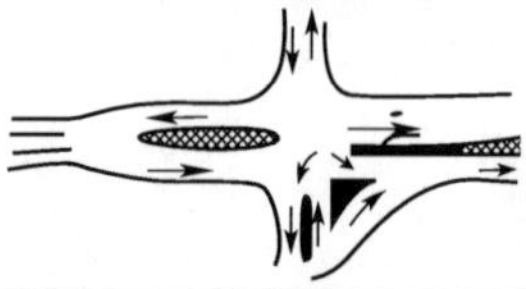		★ 垂直式停车位标线		
人行横道标线	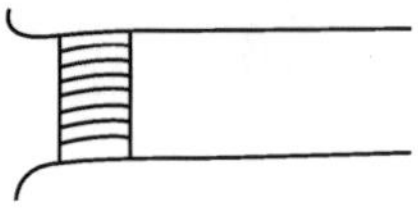		人行道	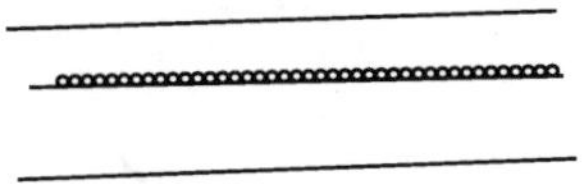	
桥	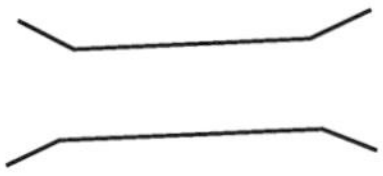		漫水桥	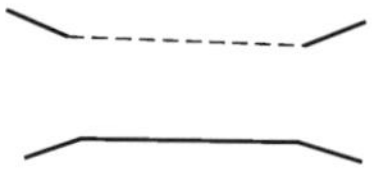	
上坡道			道路	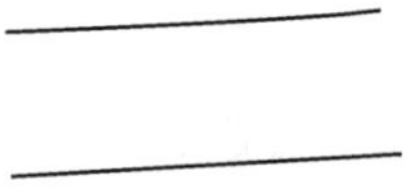	路面性质用文字说明。如冰、沥青、混凝土路面
下坡道			道路平交口	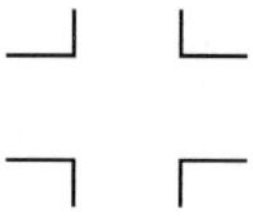	丁字路口和交叉路口按实际情况划
道路与铁路平交口	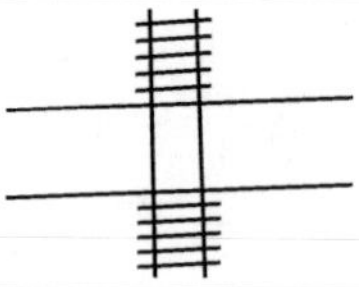		路面积水		也可表示路外水塘
施工路段	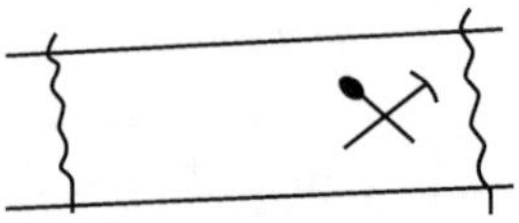		路面突出部分	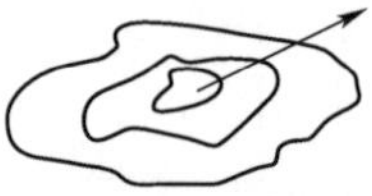	也可表示路外山冈、丘陵、土包
涵洞	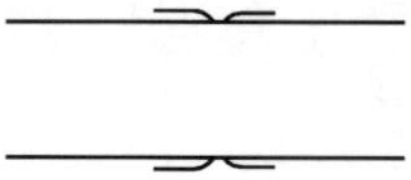		路面凹坑	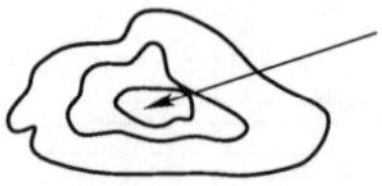	也可表示路外凹地、土坑
隧道	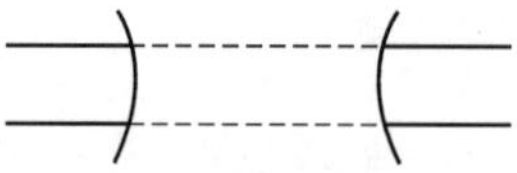		路旁水沟	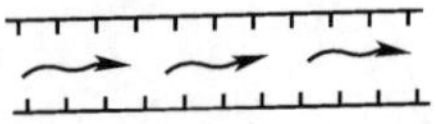	也可表示其他路外水沟

(7) 安全设施图形符号

含义	图形符号	含义	图形符号	含义	图形符号
★ 隔离带（或花坛）		禁令标志		指示标志	
隔离桩（墩、栏）	 —X—X—	警告标志		指路标志	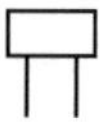

图 3-5

(8) 土地利用植被和地物图形符号

含义	图形符号	含义	图形符号	含义	图形符号
★树木平面		树木侧面		★路灯	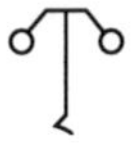
★建筑物	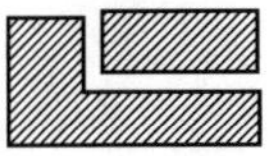	★厂院大门、围墙		消火栓	
★停车场	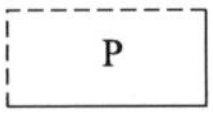 P	★电杆		★碎石、沙土等堆积物	

(9) 动态痕迹图形符号

含义	图形符号	备注	含义	图形符号	备注
轮胎擦印			★轮胎拖印	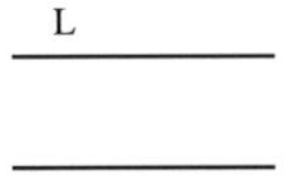 L	L 为拖印长
★轮胎压印			★侧滑印		各种车通用

(10) 交通现象和交通事故类型图形符号

含义	图形符号	备注	含义	图形符号	备注
★机动车行驶轨迹			★摩托车行驶轨迹		
★自行车行驶轨迹			行人运动轨迹		
翻车、坠落			爆炸		

(11) 其他图形符号

含义	图形符号	备注	含义	图形符号	备注
★方向标			风向标	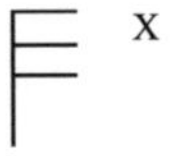 X	X 为风力级数

图 3-5 交通元素图

4) 填写查勘结论

根据车辆保险事故现场查勘到的实际情况,查勘员结合相关法律法规和保险合同内容,对车险事故得出定性定责定损的结论,并将结论简单明了地填写在查勘报告单里,见表 3-4。

查勘结论范例 表3-4

查勘人初步判断 ☑ 交警认定 □ 本次事故中(A)负 70% 责任。(B)负 30% 责任。(C)负 / 责任。 备注:
查勘人意见:经查勘,标的车上述时间、地点在芳动路由东住西行驶与三者车发生碰撞,造成双方车辆损失,现场无人伤无物损,经查勘碰撞痕迹吻合,碰撞高度与角度一致,痕迹新鲜,双方损失情况属实,已告知客户报交警,建议立案,按保险合同约定处理,索赔时携复交警责任认定书。
提示:为了保障您的合法权益,车辆在维修前必须由责任方保险公司确认损失后才能进行维修。报定损电话:95518

查勘结论填写的规范用语:经查勘,本次事故痕迹吻合,真实。××车全责,被保险人有/无违约情形(或标的车驾驶员有××违约行为),详见查勘询问记录,属于(不属于保险责任),建议立案(或建议不予受理或转调查)。

注意事项:

(1)查勘结论应有相应的事故分析和判断总结,简单案件应有明确的保险责任定性和处理意见。

(2)在填写查勘报告结论时,一定要按照查勘的真实性写结论。切忌结论写得模糊不清。

小知识 常见现象的查勘结论标准语句

例1 (正常案件交警到场处理现场)经查勘:交警已到现场将两车带至路边处理。现场地面有××车泄漏的机油,并散落有××等物,经拼凑还原比对,与××车缺损处吻合。现场地面留有由××车造成的××形状(如弧形、S形、直线形等)的制动拖痕,长约××m。前后挡未破裂,前照灯未断角。当事人无违约情况,属保险责任,建议立案。

例2 (正常案件查勘员处理现场)经现场查勘:标的车身受损部位粘有三者车身(红色)油漆,碰撞痕迹吻合,高度及角度一致;事故双方(无)有争议,(无)须报交警处理;(补充其他相关信息,如未带证件等);事故属实,属保险责任,建议立案。

例3 (事故性质有免赔率的现场)经查勘:标的车受损部位痕迹崭新,地面有散落的标的车身油漆;当事人称车辆长时间未曾启动,经触摸发动机,温度符合其所述。(注意拍摄仪表板、冷却液温度表取证)现场无法找到第三者,已告知客户须自负30%,建议立案处理。

例4 (非正常案件类型,如假案拒赔案件现场)经查勘:标的车受损部位有大量灰尘,且三者车受损部位有不明来历的蓝色油漆,碰撞痕迹不吻合;经测量对比,双方碰撞高度存在明显偏差且无合理理由解释;该事故损失属除外责任,客户同意销案,建议保险公司给予销案处理。

以上"事故经过"和"查勘结论"的例子仅供在用词组句上和书写侧重点上的参考之用,每宗案件的实际发生经过和现场情况会有不同,查勘工作人员应根据实际情况填写现场查勘记录,切不可照搬套用上述示例。

5)签字确认

客户签字确认查勘员填写的报告真实性、查勘员签字。查勘报告中查勘员的签名十分严谨,不能代签名,签名字迹要工整。内容见表3-5。

客户及查勘人员签字确认范例 表3-5

本人对以上情况已仔细阅读并确定属实,无争议,且同意查勘人的意见,如有虚假,愿意承担法律责任。			查勘人签名: 金某某
当事人签名:(A): 张某某	(B): 李四	(C): /	查勘人电话: 1887777XXXX

该案例完整的查勘单证范例:内容见表3-6。

本案例完整的查勘单证范例 表3-6

承保公司	标的车(A):	第三者(B):	第三者(C):
被保险人	王某某	李四	
商业险单号	2012022553336XXX	PDAA201244031709XXXXX	
交强险单号	2012022553336XXX	PDAA201244031709XXXXX	
车辆号牌	湘A123XX	湘A456XX	
厂牌车型	长安	桑塔纳	
VIN码	LS4AAB3D59A50XXXX	ISA113393214XXXX	
驾驶员-证号	430422198411114XXXX	430422197011114XXXX	
联系电话	1568888XXXX	1338088XXXX	
出险时间: 2012年2月10日13:50	出险地点: 长沙市劳动西路广电门口		当事人与被保险人关系: 朋友
查勘时间: 2012年2月10日14:20	查勘地点: 长沙市劳动西路广电门口		被保险人电话: 15699999XXXX
出险原因: 碰撞☑ 倾覆☐ 火灾☐ 爆炸☐ 台风☐ 暴雨☐ 自燃☐ 玻璃单独破碎☐ 车身划痕☐ 其他☐			使用性质: 非营运
行驶证年审有效期: 2012年3月	驾驶证有效起始日期: 2008年3月11日 6年有效		驾驶证准驾代号: A2
出险经过描述: 2012年2月10日13时50分, 张某某 驾驶标的车辆 在行驶长沙劳动西路广电门口 时,因刹车不及时撞道上三者车 发生 碰撞 事故。		现场草图: 原始☐ 移动☐ 恢复☐ 其他☐ 北 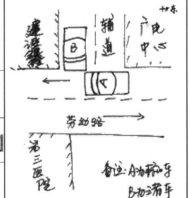	
初步认定损失项目	(A): 右前轮胎、右前叶板、右前门受损、其它无损。		
	(B): 前杠、中网、右前大灯、冷凝器、引擎盖受损、其它无损。		
	(C): /		
查勘人初步判断☑ 交警认定☐ 本次事故中(A)负70%责任。(B)负30%责任。(C)负 / 责任。 备注:			
查勘人意见: 经查勘, 标的车上述时间, 地点在劳动路由东往西行驶与三者车发生碰撞,造成双方车辆损坏。现场无人伤无物损。经查勘碰撞痕迹吻合,碰撞高度与角度一致,痕迹新鲜,双方损失情况属实,已告知客户报交警,建议立案,按保险合同约定处理,索赔时提供交警责任认定书。			
提示: 为了保障您的合法权益, 车辆在维修前必须由责任方保险公司确认损失后才能进行维修。报定损电话: 95518			
本人对以上情况已仔细阅读并确定属实,无争议,且同意查勘人的意见,如有虚假,愿意承担法律责任。			查勘人签名: 金某某
当事人签名:(A): 张某某	(B): 李四	(C): /	查勘人电话: 1887777XXXX

三、学习评价

1 理论考核

选择题(可多项选择)。

(1)在填写查勘报告时,下列哪项是必要的填写项目(　　)。
　　A. 出险时间　　　　　　　　　　B. 被保险人电话
　　C. 三者车车主联系电话　　　　　D. 标的车驾驶员与被保险人关系

(2)在填写查勘报告查勘时间项目时,查勘时间有具体填写的标准,下列选择中正确的是(　　)。
　　A. 2012年2月　　　　　　　　　　B. 2012年2月2日
　　C. 2012年2月2日20时　　　　　　D. 2012年2月2日20时30分

(3)查勘报告是查勘人员在(　　)情况下掌握的信息,基本反映了机动车辆保险事故的性质、是否属于保险责任,它为接下来的保险理赔处理打下了基础,也是有效掌握控制风险、降低赔付率的关键一环。
　　A. 第一现场　　B. 第二现场复勘　　C. 移动现场　　D. 定损现场

(4)下列图文中表述不正确的是(　　)。

★ A. 小轿车平面图	
★ B. 载货汽车平面图	
★ C. 挂车平面图	
★ D. 客车平面图	

(5)在制作现场查勘草图时,以下说法正确的是(　　)。
　　A. 现场记录图是记录和体现交通事故现场客观事实的证据材料,可以简单、粗略地表现交通事故现场客观情况
　　B. 绘制各类现场图需要做到客观、准确、清晰、形象,图栏各项内容填写齐备、数据完整、尺寸准确、标注清楚。用绘图笔或墨水笔绘制、书写
　　C. 现场记录图、现场比例图、现场分析图以正投影俯视图形式表示
　　D. 交通事故现场图的各类图形应按随意方向绘制,怎么方便怎么绘制
　　E. 交通事故现场的方向,应按实际情况在现场图右上方用方向标标注,通常采用上北下南;对难以判断方向的,直接标注在道路图例内,注明道路走向通往的地名

(6) 下列图文中表述正确的是(　　)。

A. 中心单实线		B. 中心虚线	
C. 中心虚实线		D. 中心双实线	

(7) 现场查勘草图实际上是保险车辆事故发生地点和周围环境的小范围地形图,基本内容包括(　　)。

　　A. 事故现场的地点与方位,现场的地形地貌和交通条件
　　B. 各种交通元素,以及与事故有关的遗留痕迹和散落物的位置
　　C. 各种事物的状态
　　D. 表明事故过程、车辆及人畜动态的痕迹

(8) 填写标的车及三者车信息时常见注意事项有(　　)。

　　A. 出险时间查勘时间填写无误
　　B. 记录当事人与被保险人的关系及被保险人的电话
　　C. 记录证件的有效日期
　　D. 纸质单证不能留空格,未填写项目全部画斜线、字迹工整、不涂改、不出框,单证平整无污物或褶皱
　　E. 车牌号等基本信息正确无误,损失部位描述不得多写或漏写,不得有"阴阳单"现象
　　F. 第三者投保信息很重要(核实第三者交强险投保记录),应注明第三者驾驶员联系方式,尤其无警检事故,尽量填写齐全(包括第三者车辆信息)

2 技能考核

考核项目　根据某车险实训案例(案例可以是学习任务2中的实训项目),撰写查勘报告,并依据考核评分表进行技能考核(表3-7)。

查勘报告填写实操考核评分表　　表3-7

序号	考核内容	配分	评分标准	考核记录	扣分	得分
1	查勘报告填写前准备工作	15分	每漏一件扣5分(空白查勘单若干、黑色钢笔或中性笔、尺子、写字板)			
2	字迹是否工整清晰、符合填写规范	15分	每错误一处扣5分			
3	标的车、三者车信息、事故原因及经过、查勘结论等内容和签字确认是否正确全面	30分	每错误一处、漏写一处扣5分			
4	现场草图绘制是否规范无误	20分	每错误一处扣5分			
5	查勘记录是否用语规范、结论无误	20分	每错一处扣10分			
	分数总计	100分				

学生姓名:　　　　　专业:　　　　　班级:
　　　　　　　　　　　　　　　　　　　　　年　月　日

四、拓展学习

1 机动车保险事故现场查勘记录

事故简介:2007年11月30日,车主李四将标的车停放在沙井粮食大厦旁边,被不明物刮受损。经查勘,标的车受损痕迹新鲜,损失情况属实,按照保险合同约定,已告知客户需自负30%,保险公司承担70%损失费用。

本案查勘记录见表3-8。

机动车保险事故现场查勘记录　　　　　表3-8

报案编号:0721578

	序号	保险标的(甲)	第三者车(乙)	第三者车(丙)	涉及险别
索赔信息	车牌号码:	鲁E×××××	/	/	交通事故责任强制保险□ 车损险☑ 三者险□ 车上人员责任险□ 玻璃单独破碎险□ 其他□(　　)
	厂牌型号:	东南牌DN7160	/	/	
	行驶证车主名称:	李四	/	/	
	车架号码:	×××××	/	/	
	交强险承保公司:	太平洋财产保险	/	/	
	驾驶员姓名/电话:	李四 138××××	/	/	
	驾驶证号码:	××××××			
	出险时间:2007年11月30日16时00分		出险原因:☑碰撞 □倾覆 □火灾 □自燃 □自然灾害 □其他		
	出险地点:沙井粮食大厦		查勘时现场有无移动:☑无 □有 移至何处:		
	查勘时间:2007年11月30日17时00分		有无报警处理:☑无 □有(原因:无人伤,无三者)		
查勘信息	原因及经过(索赔申请):2007年11月30日16时,李四驾驶标的车因停放于沙井粮食大厦旁,被不明物刮碰。 你公司已将有关索赔的注意事项对我进行了告知。兹声明本人所填写上述资料均为真实情形,没有任何虚假和隐瞒。否则,愿放弃本保险单之一切权利,并承担法律责任。 被保险人(当事人)签名: 李四		绘制现场草图: （现场草图：粮食大厦、停放中A、沙井一中、沙井中心路、沙井二路、沙井酒店）		
	查勘员意见:经查勘,标的车受损痕迹新鲜,损失情况属实,建议立案。已告知客户自负30%,按保险合同约定处理。				
	初步责任认定: 甲车:100%责任; 乙车: 责任; 丙车: 责任				
损失情况	保险标的的损坏部分和项目: 右前门及右下裙刮花受形,其他无损。		第三者车(财物)损坏部位项目: 无		
验证	驾驶证准驾类型 □A □B ☑C □其他		行驶证有效期至 2008年 7月		
	驾驶证发证日期:2001年 8月 10日		A、B证体检日期至: 年 月 日		
资料收集	身份证 √	驾驶证 √	行驶证 √	收集"√",未收集" "	
	被保险人开户名 李四		联系电话 ×××××		
	账户 ××××		开户银行 ×××××		
	本人对以上情况认定属实,如有虚假,愿意承担法律责任!有关保险赔偿事宜,按保险条款规定处理。				
	被保险人(当事人)签名: 李四		查勘员签名: 张三		
	标的车估损:500	三者车估损:/	人伤或财物估损:/	2007年11月30日	

该类事故在填写事故查勘报告时注意事项：

在填写此类事故查勘报告的时候，一定要在现场查勘报告中注明：根据不同的保险公司的不同条款约定，如有需客户自负30%的，一定要备注清楚。

2 火灾事故查勘记录

事故简介：2012年2月12日早晨7时多，停放在长沙县长沙镇长沙村的毛女士家的车牌为湘A8××××的一台中巴车突然燃起大火。经过村民的奋力扑救，虽然大火被很快扑灭，但是损伤还是相当严重。经查勘员到达现场查勘调查后，本次事故并非自燃导致，属于人为原因造成。起火源跟汽车底下稻草有关，纵火者是在附近抱的稻草，在他们的院子里留有稻草散落的痕迹直到车子周边；经联系当地派出所了解细节；询问车主和附近的村民，看他们的说法是否一致（现场调查笔录如图3-6所示）；最后综合所有情节分析这起事故是由人为纵火所致，由于是一起纵火案，只有结案后，保险公司才能最后给出赔偿。现场查勘员根据以上查勘的结果，填写查勘报告。

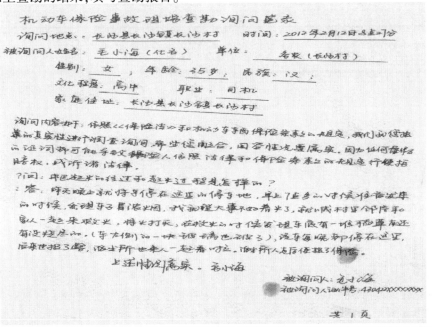

图3-6 现场调查笔录

本案查勘报告见表3-9。

该类案件填写查勘报告的要点：

(1)火烧车辆案件应告知被保险人或当事人及时向公安消防部门报案，并记录。

(2)对火灾现场勘查取证时应取得县级以上公安消防部门出具的火灾原因分析报告或火灾原因证明，在报告中进行记录。

(3)驾驶证、行驶证在火灾中烧失无法提供复印件的，需到车辆管理所查抄驾驶员、车辆登记底档并记录。

(4)除要求被保险人正常填写《机动车保险出险通知书》外，还应对当事驾驶员及被保险人作询问笔录。

火灾事故完整的查勘报告　　　　　　　　　　表 3-9

承保公司	标的车(A):	第三者(B):	第三者(C):
被保险人	毛小花		
商业险单号	PDAA201244050605 0000		
交强险单号	PDAA201244030605 0000		
车辆号牌	湘A8ABCD		
厂牌车型	中巴		
VIN码	LHXXX2012XXX0000		
驾驶员-证号	430422D901220XXX		
联系电话	15088888XXX		

出险时间: 2012年2月12日7点　出险地点: 长沙县长沙镇长沙村　当事人与被保险人关系: 雇主
查勘时间: 2012年2月12日8点　查勘地点: 长沙县长沙镇长沙村　被保险人电话: 150XXXX8888
出险原因: 碰撞□ 倾覆□ 火灾☑ 爆炸□ 台风□ 暴雨□ 自燃□ 玻璃单独破碎□ 车身划痕□ 其他□　使用性质: 营运
行驶证年审有效期: 2016年8月　驾驶证有效起始日期: 2011年7月5日 6年有效　驾驶证准驾代号: A2

出险经过描述: 2012年2月12日7时0分 司机毛小海驾驶标的
车辆 停放在长沙县长沙镇长沙村,早晨发车时发现
因车有烟起火,便催众来救火 曾被放火烧　事故。

现场草图: 原始□ 移动□ 恢复□ 其他□ 北

初步认定损失项目
(A): 整车油漆烧坏,车架烧变形,车顶,右前门,右后门,发动机检修,全车电路检修,烧蚀损伤 其他
(B):
(C):

查勘人初步判断☑　交警认定□: 本次事故中(A)负 全部 责任, (B)负　责任, (C)负　责任。 备注:

查勘人意见: 标的车于上述时间地点停放,司机发车时看到停放的车突然有烟
冒出,被人纵火将稻草放入车底点燃,导致中巴车起火,即时被发现集众
救火,但车子被烧坏,已报警,警察在主查,待派出所结案,根据保险合同
约定处理。

提示: 为了保障您的合法权益, 车辆在维修前必须由责任方保险公司确认损失后才能进行维修。报定损电话:
本人对以上情况已仔细阅读并确定属实, 无争议, 且同意查勘人的意见, 如有虚假,
愿意承担法律责任。

当事人签名: (A) 毛小海　(B):　(C):
查勘人签名: 李四
查勘人电话: 150XXXX7777

3 水淹事故查勘记录

事故简介: 2012年3月3日中午12时左右驾驶员李四驾驶标的车在行驶长沙县长沙镇毛家村村口的小路时,由于大雨积水,公路被淹,驾驶员李四不知道水深度,在行驶到公

路中央的时候发现积水太深，无法继续前行，后报保险求助。查勘员接到报案第一时间赶赴现场查勘，并电话指引客户将标的车熄火不要继续前行，等待救援。现场查勘员根据以上查勘的结果，填写查勘报告。

本案的查勘报告见表3-10。

水淹车事故完整的查勘报告　　　　　　　　　　　　　　　　　表3-10

承保公司	标的车(A):	第三者(B):	第三者(C):
被保险人	李四		
商业险单号	PDAA20142403060SXXXX		
交强险单号	PDAA20142403065XXXX		
车辆号牌	湘A8ABCD		
厂牌车型	桑塔纳		
VIN码	LHXXX2014XXX0000		
驾驶员-证号	130422XXXXXXXXXXX		
联系电话	189XXXX0022		

出险时间：2012年3月3日12时　出险地点：长沙县长沙镇毛家村　　当事人与被保险人关系：本人

查勘时间：2012年3月3日12:40　查勘地点：长沙县长沙镇毛家村　　被保险人电话：189XXXX0022

出险原因：碰撞□ 倾覆□ 火灾□ 爆炸□ 台风□ 暴雨☑ 自燃□ 玻璃单独破碎□ 车身划痕□ 其他□　使用性质：营运

行驶证年审有效期：2016年8月　驾驶证有效起始日期：2011年11月7日 6年有效　驾驶证准驾代号：C1

出险经过描述：2012年3月3日12时0分，李四驾驶标的车辆在行驶长沙县长沙镇毛家村时，因路面积水行驶发生水淹车事故。

现场草图：原始□ 移动□ 恢复□ 其他□ 北

初步认定损失项目
(A)：发动机、驾驶室进水，具体损失以定损中心为准。
(B)：
(C)：

查勘人初步判断☑ 交警认定□ 本次事故中(A)负　责任。(B)负　责任。(C)负　责任。备注

查勘人意见：经现场查勘，驾驶员李四在驾驶标的车行驶该路段时，由于不知积水深浅，涉水行驶，导致车辆被水淹无法继续行驶，现场查勘损失属实，建议按特险条款水淹相关规定处理，现场告知客户相关索赔事宜，等待拖车救援。

提示：为了保障您的合法权益，车辆在维修前必须由责任方保险公司确认损失后才能进行维修。报定损电话：

本人对以上情况已仔细阅读并确定属实，无争议，且同意查勘人的意见，如有虚假，愿意承担法律责任。

当事人签名：(A) 李四　(B)　(C)　　查勘人签名：张三　查勘人电话：156XXXX8989

该类案件填写查勘报告的要点：

(1)确定侵害水质情况：一般说来，海水要比淡水的损害要大；浑水要比清水的损害大；有的下水道倒灌有酸、碱性的污水和油性污水造成的损害状态各不相同。

(2)标的车的配置情况：对真皮座椅、高档音响、车载影视系统等配置是否为原车配置进行确认，须确认保单的保险项目。

4 酒后驾车事故查勘记录

事故简介：2011年5月5日，标的车驾驶员张小华(化名)报案称驾驶标的车在长沙市井湾子好年华小区停车场因避让行人撞柱子。查勘员在接调度指令赶赴现场对车牌为AB××××号车出险现场进行查勘。经现场查勘，发现有以下疑点：

(1)标的车受损部位上残留有大面积黑色的漆印，而本次事故中的碰撞物(防撞柱)是黄色的。漆印颜色明显不符。

(2)现场碰撞高度不对，标的车受损部位的最高点明显高出碰撞物最高点很多。

(3)标的车驾驶员讲话满口的酒味，而且说话吐字不是很清晰，很明显是喝了酒的。

根据保险条款，该起事故系酒后驾驶案件，且碰撞痕迹不吻合，该案应做拒赔处理。查勘员将上述疑点并将酒后驾车的后果及相关法律法规告知驾驶员张小华(询问笔录如图3-7所示)，经沟通，驾驶员同意查勘员结论，签字确认。

湘AB××××号车现场查勘补充说明

2011年5月5日20时30分许，我组接调度赶赴长沙市井湾子好年华小区停车场对车牌为湘ABXXXX号车出险现场进行查勘。该车报案时称：标的车在上述地点撞到墩子。到达现场后，我组向驾驶员了解情况，据标的车司机张小华（化名）所述：2011年5月5日20时30分许，其驾驶标的车在上述地点行驶时，因操作不当，撞到路边的柱子。经我组现场查勘发现有以下疑点：

1、标的车受损部位上残留有大面积黑色的漆印，而本次事故中的碰撞物〔防撞柱〕是黄色的。漆因印颜色明显不符；

2、现场碰撞高度不对，标的车受损部位的最高点明显高出碰撞物最高点很多。

3、标的车司机讲话满口的酒味，而且说话吐字不是很清晰，很明显是喝了酒的，经我组询问，司机承认是刚与朋友在口口香饭店刚吃完饭，喝了酒。

我组将上述疑点并将酒后驾车的相关法律法规告知驾驶员张小华（化名），并告知他现场痕迹不吻合，同时又是酒后驾驶。希望他能配合我们解释清楚上述疑点，经我组与驾驶员沟通。其认同我组的结论并予以签名确认。

根据保险条款，该起事故属于酒后驾驶并碰撞痕迹不吻合，该案应做拒赔处理。

××保险公司事业部勘查员：金×× 王×

2011年5月5日

图3-7 酒后驾车现场查勘笔录

本案的现场查勘报告见表3-11。

酒后驾车现场查勘完整报告　　　　　　　　　表3-11

承保公司	标的车(A):	第三者(B):	第三者(C):
被保险人	张小华	/	/
商业险单号	PDAA2008XXXXXXXXXX	/	/
交强险单号	PDAA2008XXXXXXXXXX	/	/
车辆号牌	湘ABXXXX	/	/
厂牌车型	丰田	/	/
VIN码	003XXX	/	/
驾驶员-证号	430422XXXXXXXXXX	/	/
联系电话	156XXXX3333	/	/

出险时间：2011年5月5日20时　出险地点：长沙市井湾子啤酒年华小区停车场　当事人与被保险人关系：本人
查勘时间：2011年5月5日21时　查勘地点：长沙市井湾子啤酒年华小区停车场　被保险人电话：156XXXX3333
出险原因：碰撞☑　倾覆□　火灾□　爆炸□　台风□　暴雨□　自燃□　玻璃单独破碎□　车身划痕□　其他□　使用性质：非营业
行驶证年审有效期：2012年5月　驾驶证有效起始日期：2010年2月16日　6年有效　驾驶证准驾代号：C1

出险经过描述：2011年5月5日20时30分，张小华驾驶标的车辆在长沙市井湾子啤酒年华小区停车场时，因躲避行人 发生碰撞事故。

初步认定损失项目：
(A)：前杠左侧受损，右前大灯，右前车叶子板前大灯灯光水槽，车前叶子板内衬，右前门B柱外饰板受损，挡风玻璃中心处有裂纹。
(B)：
(C)：

现场草图：原始☑　移动□　恢复□　其他□　北

查勘人初步判断：☑　交警认定□　本次事故中(A)负全部责任，(B)负　　责任，(C)负　　责任。　备注：

查勘人意见：经我组现场查勘，标的车受损部位上残留有大面积白色漆印，而本次事故的碰撞物(柱子)为蓝色，漆印不符合；且检查驾驶室也有标的司机讲话满口有酒气，经询问，司机承认刚吃过饭，和朋友喝了3瓶啤酒，后我组与标的司机耐心沟通，司机同意放弃索赔。根据保险合同相关约定，故予以拒赔处理。

提示：为了保障您的合法权益，车辆在维修前必须由责任方保险公司确认损失后才能进行维修。报定损电话：

本人对以上情况已仔细阅读并确定属实，无争议，且同意查勘人的意见，如有虚假，愿意承担法律责任。
当事人签名：(A)：张小华　(B)：/　(C)：/　　查勘人签名：金XX、王X　查勘人电话：189XXXX8888

5　无有效证件车辆事故查勘记录

事故简介：2007年，车牌号码为粤B1××××、车型为嘉年华的标的车在行驶至深圳南山大道南山医院附近，因变更车道不慎与同行的三者车相撞，造成标的车左前杠、左前翼子板损失。查勘员赶赴第一现场进行现场查勘，查勘发现，标的车行驶证未年检，证件不合格(图3-8)，根据保险合同的相关约定予以拒赔。现场查勘员根据以上查勘的结果，填写查勘报告。

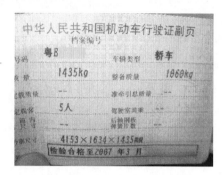
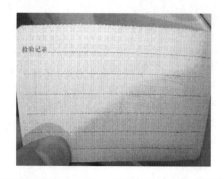

图 3-8　无有效期的证件照片

本案的查勘报告见表3-12。

无有效证件车辆事故现场查勘报告　　　　表 3-12

序号	A	B	C
车牌号码			
厂牌型号	荣华牌	罗江	/
车主名称			
保险情况	☑人保财险(桂林支公司) □其他	□人保财险 □其他	□人保财险 □其他
交强险保单号码	PDAA2007		
商业险保单号码			
车架号码			
肇事司机姓名			
司机联系电话			
出险时间：2007年5月23日		出险地点：南山区南山大道南山医院路段	
查勘时间：2007年5月23日		查勘地点：南山区南山大道南山医院路段	

现场询问查看情况	车辆的行驶方向、出险原因、事故碰撞点及损失部位： 据称A司机陈，2007年5月23日16:00在南山大道由南向北行驶时，因变更车道，不慎与B车发生碰撞。 A车：左前叶子板及前杠左侧受损。其它无损。 B车：前杠右侧、右前大灯、右前叶子板等处接其它无损。 经查勘该两车风窗，A、B两车行驶证均过期未年审，违规拒赔。	绘制现场草图： (草图：南山医院、南山大道示意图)
	其他财产损失情况： 无	

本人对以上情况认定属实，如有虚假，愿承担法律责任。
肇事司机签名：A.　　　　，B.　　　　，C.　　　　 2007年5月23日

初步意见	责任初步估计：A车负 全部 责任；B车负 无 责任；C车负 — 责任
	事故处理方式：　☑警检　　　□非警检
	是否需要施救：　□中　　　　☑否
	当事司机是否为合同约定驾驶人：□是　□否　□未购买约定驾驶人特约条款

现场相片　8　张　　查勘人(签名)：_____

6 改变使用性质、盗抢性质事故查勘记录

事故简介:2011年12月12日中午12时左右,标的车驾驶员张某报案称其驾驶标的车(面包车)送亲戚返回望城住处,然后下午3时许在返家途中行驶至一交界处因内急,下车小便,小便完毕未及转身,有3名男子冲过来,抢走了当事人身上的财物和证件。行驶一个多小时后把他丢在望城某气站附近驾车逃离。保险公司接到张某报案,第一时间赶往查勘现场(现场如图3-9所示),经查勘现场及作笔录,查勘员发现以下疑点:

图3-9　事故现场图

(1)驾驶员称送其大姑回家,但连他大姑的名字都不知道。

(2)现场是一条空旷的公路,驾驶员称是在路边停车小便被抢的,而且案发时间又是下午3时许,对于一个正常的人来说不符合情理。

(3)现场周围路边非常空旷,不是旅客周转点,而且来车频繁,案发时间又是下午3时许,如果要等车正常停下来的机会再抢车比较渺茫。

(4)经询问驾驶员平时标的车的用途,标的车平时就是用来非法营运油漆收取运费的。

(5)当事人驾驶员张某报案后查勘员要了解情况作询问笔录却被推脱。

查勘调查结论,调查人员掌握了驾驶员车辆被抢诸多不实情况后,通过长时间对驾驶员做思想工作,晓之以理,动之以情,告诉其编造谎话骗取赔款的严重刑事后果。在铁的事实面前,驾驶员终于交代了其因载客导致车辆被抢的全部经过,并在第三次笔录中签名愿意承担因被抢而引起的一切经济纠纷及法律后果,并同意放弃索赔标的被盗一案。

现场查勘员根据以上查勘的结果,填写查勘报告,见表3-13。

7 驾驶员调包事故查勘记录

事故简介:2012年2月8日22时19分,标的车车牌号码为湘A12×××当事人报案称:驾驶标的车在远大一路马王堆蔬菜市场附近撞花基和树,查勘员到达现场后,当事驾驶员称撞大型拖拉机,三者逃逸,没有报交警。经查勘员现场仔细勘察(现场如图3-10所示),客户称追尾大型拖拉机,但标的车受损部位有一明显圆柱形凹痕,发动机底部受损,左前角有黄色泥土、树皮、标的车前风窗玻璃破裂并向外凸,安全带拉紧锁死,但驾驶员头部未受伤,并称当时有系

安全带;客户称出险后有与被保险人联系,但提供不出通话记录。综合以上情况分析,该案件存在重大疑问,经查勘员与客户耐心沟通,当事人承认为朋友来处理事故的,朋友受伤住院了,并现场销案,销案金额达到6万元。现场查勘员根据以上查勘的结果,填写查勘报告。

本案的现场查勘报告见表3-14。

改变使用性质、盗抢性质事故现场查勘报告　　　　表3-13

承保公司		标的车(A):	第三者(B):	第三者(C):
	被保险人	张三		
	商业险单号	201422055336XXXX		
	交强险单号	201422055336XXXX		
	车辆号牌	湘A123XX		
	厂牌车型	长安		
	VIN码	LSAAB3DXXXXXXXX		
	驾驶员-证号	430422201lXXXXXXXX		
	联系电话	156XXXX99XX		

出险时间:2014年12月12日12时　出险地点:长沙星城坡子塘　当事人与被保险人关系:本人
查勘时间:2014年12月12日13时　查勘地点:长沙星城坡子塘　被保险人电话:156XXXX99XX
出险原因:碰撞□ 倾覆□ 火灾□ 爆炸□ 台风□ 暴雨□ 自燃□ 玻璃单独破碎□ 车身划痕□ 其他□ 使用性质☑ 根居地
行驶证年审有效期:2016年8月　驾驶证有效起始日期:2010年4月1日 6年有效　驾驶证准驾代号:C1
出险经过描述:2011年12月12日12时01分,张三驾驶标的车辆在行驶长沙星城坡子塘路段时,因被威胁　发生被盗　事故。

现场草图:原始☑ 移动□ 恢复□ 其他□ 北

初步认定损失项目:
(A): 全车被盗抢。
(B):
(C):

查勘人初步判断☑ 交警认定□ 本次事故中(A)负 全 责任,(B)负　责任,(C)负　责任。 备注:

查勘人意见:经查勘,标的车于上述时间,地点在长沙星城坡子塘路段行驶,车到此时,有三名歹徒冲进把张某停放在路边的面包车抢走。经现场初步询查取证,存在以下疑点:1.驾驶员有逃漏嫌疑,说是大姨家,但不知大姨名字;2.案发在中午时分,室外大马路上被抢,对一个正常人不符合常理;3.问司机张某车内运什么东西,张某承认用来非法营运油漆收豆卖。根据初步查勘取证,需经后继进一步询查。

提示:为了保障您的合法权益,车辆在维修前必须由责任方保险公司确认损失后才能进行维修。报定损电话:
本人对以上情况已仔细阅读并确定属实,无争议,且同意查勘人的意见,如有虚假,愿意承担法律责任。　查勘人签名:李四
当事人签名:(A) 张三 　(B) 156XXXX99XX 　　查勘人电话:150XXXX8899

学习任务3 车辆保险事故现场查勘报告的撰写

气囊爆裂

图3-10 事故现场图

驾驶员调包事故现场查勘报告

表3-14

承保公司	标的车(A):	第三者(B):	第三者(C):
被保险人	李小明	已逃逸	
商业险单号	PDAA20140403308XXXXX		
交强险单号	PDAA20144403308XXXXX		
车辆号牌	湘A8XXXX		
厂牌车型	雅阁		
VIN码	LHGGDRH74LXXXXXX		
驾驶员-证号	430422XXXXXXXXXXXX		
联系电话	187XXXX8899		

出险时间：2012年2月8日22时19分 出险地点：长沙市远大一路马王堆蔬菜市场 当事人与被保险人关系：本人

查勘时间：2012年2月8日22时30分 查勘地点：长沙市远大一路马王堆蔬菜市场 被保险人电话：187XXXX8899

出险原因：碰撞☑ 倾覆□ 火灾□ 爆炸□ 台风□ 暴雨□ 自燃□ 玻璃单独破碎□ 车身划痕□ 其他☑ 使用性质：非营运

行驶证年审有效期：2015年7月 驾驶证有效起始日期：2010年8月8日 6年有效 驾驶证准驾车代号：C1

出险经过描述：2012年2月8日22时19分，李小明驾驶标的车辆 在行驶远大一路马王堆蔬菜市场 时，因 与大货车拖车 发生 碰撞 事故。

现场草图：原始□ 移动☑ 恢复□ 其他□ 北

初步认定损失项目：
(A) 发动机盖总成受损，前挡风玻璃破裂，其余隐损待检。
(B)
(C)

查勘人初步判断☑ 交警认定□ 本次事故中(A)负 全 责任。(B)负 责任，(C)负 责任。备注：

查勘人意见：经抵场查勘，现场标的车受损部位有一处明显小圆柱形凹痕，车上无泥土、树枝，安全带锁化，但驾驶员未受伤，当事人称顶未安全带，客户也无法提供三者任何信息，经查勘的客户所无法沟通，客户承认为闲方来处理事情，并同意（即告方驾驶员伤住院），并现场结案。

提示：为了保障您的合法权益，车辆在维修前必须由责任方保险公司确认损失后才能进行维修。报定损电话：

本人对以上情况已仔细阅读并确定属实，无争议，且同意查勘人的意见，如有虚假，愿意承担法律责任。

查勘人签名：张三

当事人签名：(A) 李小明 (B): (C): 查勘人电话：138XXXXXXXX

8 违反装载规定事故查勘记录

事故简介:2012年4月1日早上6时10分,车牌号码为湘A12×××的标的车前往宁乡南山某沥青厂,在某沥青厂料场倒车时,因地面不平,发生翻车事故。某保险公司查勘员接到报案,赶赴现场查勘,经现场查勘,标的车侧翻位置右侧有倾卸的碎石,但标的车身倾斜并不严重,驾驶员称事故地点离卸货点有10~20m。实际情况为近挨卸货点,在标的车的行驶过程中,事故地点的路面状况并不是最差的地方。经到过磅站查证:标的车事发当时载质量为58t,而标的车额定载质量为17.8t;标的车属于严重超载。现场该案予以拒赔,拒赔金额10万元。现场查勘员根据以上查勘的结果,填写查勘报告。

本案的现场查勘报告见表3-15。

违反装载规定事故现场查勘报告   表3-15

（查勘报告表，内容为手写填写，主要信息如下：
- 承保公司标的车(A): 被保险人 张三
- 商业险单号: PDAA2008XXXXXXXXXXXX
- 交强险单号: PDAA2008XXXXXXXXXXX
- 车辆号牌: 湘A12XXX
- 厂牌车型: 甲壳虫（自卸车）
- VIN码: 003XXX
- 驾驶员-证号: 4309221984XXXXXXXX
- 联系电话: 138XXXX8877
- 出险时间: 2012年4月1日6:10 出险地点: 宁乡南山某沥青厂
- 查勘时间: 2012年4月1日6:40 查勘地点: 宁乡南山某沥青厂
- 当事人与被保险人关系: 雇主
- 被保险人电话: 135XXXX8877
- 出险原因: 倾覆☑
- 使用性质: 营运
- 行驶证年审有效期: 2016年8月
- 驾驶证有效起始日期: 2010年5月8日 6年有效
- 驾驶证准驾代号: A1
- 出险经过描述: 2012年4月1日6时10分,李四驾驶标的车辆在宁乡南山某沥青厂时,因地面不平发生翻车事故。
- 初步认定损失项目(A): 车辆变形,前挡玻璃、后视镜、悬挂损坏
- (B): 有物损,路边小树、花坛受损
- 查勘人初步判断: 本次事故中(A)负全部责任
- 查勘人意见: 经现场查勘,标的车在卸货地点因路面不平发生侧翻车事故属实,经现场查勘,标的车事发当时载重为58吨,而标的车额定载重为17.8吨;根据保险合同相关条款约定,予以拒赔。
- 当事人签名(A): 李四
- 查勘人签名: 张小小
- 查勘人电话: 187XXXX8899）

9 非被保险人允许的驾驶员驾车事故查勘记录

事故简介:2011年11月12日,报案人李先生称,自己驾驶的标的车湘A5××××在长沙韶山南路铁道学院路段送朋友回家后,拐弯时为避让同向行驶的三者车,撞路基事故真实,驾驶员非被保险人本人,驾驶员称与被保险人为朋友关系(现场如图3-11所示)。后经查勘员的仔细询问和调查取证,得出驾驶员说不出被保险人的名字也不知道被保险人的电话号码。经查勘员的沟通,得知该案报案人员为修理厂的理赔人员,该案拒赔处理。现场查勘员根据以上查勘的结果,填写查勘报告。

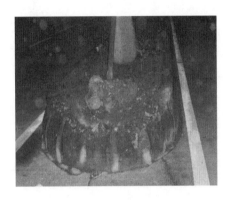

图3-11 现场查勘照片

本案的现场查勘报告见表3-16。

10 进厂修理期间事故查勘记录

事故简介:2012年3月8日9时,标的车驾驶员张某驾驶标的车在井湾子家具城附近的一家汽车美容店门口倒车时与三者车相撞,造成三者车左前门和拉手受损,标的车无损(现场如图3-12所示)。经查勘员现场勘查,标的车是来汽车美容店进行维护期间,根据保险合同的相关条款约定,本次事故属于保险除外责任,不在保险理赔范围。现场查勘员根据以上查勘的结果,填写查勘报告。

图3-12 现场查勘照片

本案的现场查勘报告见表3-17。

非被保险人允许的驾驶员驾车事故现场查勘报告   表3-16

承保公司	标的车(A):	第三者(B):	第三者(C):
被保险人	欧小军	马路基石	
商业险单号	PDAA20144403Xxxxxxxx		
交强险单号	PDAA20144403XXXXXXX		
车辆号牌	湘A5XXXX		
厂牌车型	奇瑞		
VIN码	LHG6DRH744XXXXXXX		
驾驶员-证号	430422XXXXXXXXXXXX		
联系电话	137XXXX1010		

出险时间: 2011年11月12日23时0分 出险地点: 长沙市龙山南路铁道学院旁 当事人与被保险人关系: 朋友
查勘时间: 2011年11月12日23:30 查勘地点: 长沙市龙山南路铁道学院旁 被保险人电话: 150XXXX1111
出险原因: 碰撞☑ 倾覆☐ 火灾☐ 爆炸☐ 台风☐ 暴雨☐ 自燃☐ 玻璃单独破碎☐ 车身划痕☐ 其他☐ 使用性质: 非营运
行驶证年审有效期: 2015年7月 驾驶证有效起始日期: 2010年3月1日 6年有效 驾驶证准驾代号: C1

出险经过描述: 2011年11月12日23时0分, 李大明驾驶标的车辆 在行驶龙山南路铁道学院附近 时, 因 避让同行驶三者车 发生 碰撞路基 事故。

现场草图: 原始☐ 移动☐ 恢复☐ 其他☐ 北

初步认定损失项目:
(A) 左前大灯, 前杠. 轮胎受损, 底盘待检。
(B)
(C)

查勘人初步判断☑ 交警认定☐ 本次事故中(A)负 全部 责任, (B)负 / 责任, (C)负 / 责任。 备注:

查勘人意见: 经现场查勘, 事故损失真实。在给与当事人沟通过程中, 当事人称与被保险人为朋友关系, 但却不知道被保险人电话和名字, 后与被保险人取证。称该人承认是停班厂驾照2年人员, 放弃本次索赔, 该案拒赔处理。

提示: 为了保障您的合法权益, 车辆在维修前必须由责任方保险公司确认损失后才能进行维修。报定损电话:

本人对以上情况已仔细阅读并确定属实, 无争议, 且同意查勘人的意见, 如有虚假, 愿意承担法律责任。

当事人签名: (A) 李大明 (B): / (C): /   查勘人签名: 张三   查勘人电话: 150XXXXXXXX

学习任务 3　车辆保险事故现场查勘报告的撰写

进厂修理期间事故现场查勘报告　　　　　　　　　　　表 3-17

承保公司	标的车(A):	第三者(B):	第三者(C):
被保险人	张三	李〇	
商业险单号	4403××××××××	4401×××××××××	
交强险单号	4403××××××××	4401×××××××××	
车辆号牌	湘A0××××	湘A2123××	
厂牌车型	江铃	帕萨特	
VIN 码	LHXX2014×××0000	LHXX2012×××0000	
驾驶员-证号	420433××××××××	430422××××××××	
联系电话	138××××3333	156××××6666	

出险时间 2012年3月8日9:00	出险地点 长沙市韶山南路井湾子家具城	当事人与被保险人关系: 本人
查勘时间 2012年3月8日9:30	查勘地点 长沙市韶山南路井湾子家具城	被保险人电话 138××××3333

出险原因: 碰撞☑ 倾覆□ 火灾□ 爆炸□ 台风□ 暴雨□ 自燃□ 玻璃单独破碎□ 车身划痕□ 其他□　使用性质:

行驶证年审有效期: 2016年8月　驾驶证有效起始日期: 2011年7月7日 6年有效　驾驶证准驾代号: B1

出险经过描述: 2012年3月8日 9 时 0 分, 张三 驾驶标的车辆 在井湾子家具城进行车辆交车后 时, 因 倒车 发生 碰撞 事故。

现场草图: 原始□ 移动□ 恢复□ 其他☑ 北

初步认定损失项目	(A) 无损
	(B) 左前门、外拉手受损,其它无损
	(C)

查勘人初步判断☑　交警认定□: 本次事故中(A)负 全部 责任, (B)负 / 责任, (C)负 / 责任。 备注:

查勘意见: 经查基本受损属实,事故属于车辆在进行车行间维修期间,根据保险合同约定处理,属于保险除外责任,建议拒赔处理。

提示: 为了保障您的合法权益,车辆在维修前必须由责任方保险公司确认损失后才能进行维修。报定损电话:

本人对以上情况已仔细阅读并确定属实, 无争议, 且同意查勘人的意见, 如有虚假, 愿意承担法律责任。

当事人签名: (A) 张三　(B): 李〇　(C): —

查勘人签名: 王小小
查勘人电话: 133××××3333

学习任务4　判断真伪事故现场

学习目标

1. 能够根据现场痕迹判别事故现场的真伪；
2. 能够根据现场物证判别事故现场的真伪；
3. 能够根据现场调查笔录判别事故现场的真伪。

学习时间

6学时。

工作情境描述

近年随着我国车险投保数量成倍增长，车险欺诈现象也频频发生，这些欺诈行为极大地损害了众多善意投保人和被保险人的合法权益，影响了保险的社会功效发挥，防范保险欺诈成为行业工作的重点。虽然每个欺诈案件各自特征不同，但其中一定含有虚假成分，因此查勘人员对事发现场作细致查勘，对证明材料谨慎审核，骗赔者的伎俩再高明也总会露出破绽的，本任务中对常见保险欺诈案的特征和对策进行研究。

学习引导

仿造相关证据之痕迹造假案件	→	仿造相关证据之保险标的不具可保利益作假案件	→
仿造相关证据之出险地点作假案件	→	仿造相关证据之出险时间作假案件	→
虚构保险标的之套牌车辆作假案件	→	故意扩大事故损失之换旧件出险案件	→
故意制造事故之二次碰撞案件	→	故意制造事故之非第一现场案件

一、知　识　准　备

1　保险欺诈

保险欺诈国际上一般也称保险犯罪。保险当事人双方都可能构成保险欺诈。凡保险关系投保人一方不遵守诚信原则,故意隐瞒有关保险标的的真实情况,诱使保险人承保,或者利用保险合同内容,故意制造或捏造保险事故造成保险公司损害,以牟取保险赔付金的,均属投保方欺诈。凡保险人在缺乏必要偿付能力或未经批准擅自经营业务,并利用拟订保险条款和保险费率的机会,或夸大保险责任范围诱导、欺骗投保人和被保险人的,均属保险人欺诈。保险欺诈一经实施,必然造成危害结果,有必要严加防范。

2 机动车辆保险中投保人、被保险人、受益人一方的欺诈表现

(1)投保人、被保险人故意隐瞒保险标的的真实情况,诱使保险人承保,而后伺机骗取保险金。

(2)不具有可保利益投保,而后制造意外事故,骗取保险金。

(3)故意制造损失和意外事故,造成机动车辆损毁或第三者受损,谋取保险金。

(4)故意扩大损失程度。保险标的遭遇保险责任范围内的部分损失,被保险人不仅不积极施救,而且还故意扩大损失,企图获取更多赔偿金。

(5)故意虚构保险标的,捏造保险事故,谎称发生了保险事故。

(6)伪造、变造与保险事故有关的证明资料和其他证据,或者指使、唆使、收买他人提供虚假证明资料,或者编造虚假的事故原因,谋取保险金。

透过上述种种欺诈谋骗表象,不难发现其实质,那就是利用保险特性,以较小的保险费支出,蒙混诱骗保险公司,力求获取高于保险费若干倍,乃至几十倍的保险赔付金。

3 机动车辆保险欺诈的对策与措施

措施一:加强保险原理、基本原则以及保险法制的宣传。

让民众真正懂得保险欺诈破坏了保险公平互助的基础,是对所有投保人、被保险人、风险组织者、管理者保险公司合法利益的侵害。每个保险人和被保险人都应该自觉维护保险的公正性、从而维护自身的合法权益和社会公共利益,有力扼制保险欺诈行为。

措施二:保险公司要研究保险欺诈的特点,强化承保及理赔审核工作的规范性。

保险欺诈必然躲不过承保和理赔审核两大环节,而这两大环节的规范性操作就必然能有效防止欺诈犯罪的发生和得逞。其中理赔作为保险经营活动中重要环节,直接关系到保险当事人的切身利益和保险公司的社会声誉,同时也是能发现保险欺诈蛛丝马迹的重要关口,因此保险公司查勘人员要对事发现场作细致查勘,对证明材料需谨慎审核,骗赔者的伎俩再高明也总会露出破绽的。

措施三:完善保险公司内部监控机制,严格管理,谨防疏漏。

保险公司内部要建立承保核审制度和规范的理赔制度,在理赔工作中,如若发生以赔谋私或内外勾结欺诈,必须要严肃处理。

措施四:严厉打击保险欺诈,形成社会威慑力。

保险界、司法界及各级政府部门高度重视,一旦查实就从严惩处,严惩欺诈犯罪活动。

措施五:设立和开放保险反欺诈信息系统平台,建立和完善举报制度

我国关于保险欺诈的相关法律规定如下。

(1)《中华人民共和国保险法》的相关规定。

第一百三十八条　投保人、被保险人或者受益人有下列行为之一,进行欺诈活动,构成犯罪的,依法追究刑事责任:

①投保人故意虚构保险标的,骗取保险金的。
②未发生保险事故而谎称发生保险事故,骗取保险金的。
③故意造成财产损失的保险事故,骗取保险金的。
④故意造成被保险人死亡、伤残或者疾病等人身保险事故,骗取保险金的。
⑤伪造、变造与保险事故有关的证明、资料和其他证据,或者指使、唆使、收买他人提供虚假证明、资料或者其他证据,编造虚假的事故原因或者夸大损失程度,骗取保险金的。

第一百四十一条　保险公司及其工作人员故意编造未曾发生的保险事故进行虚假理赔,骗取保险金,构成犯罪的,依法追究刑事责任。

(2)刑法的相关规定。

金融诈骗罪:

第一百九十八条　有下列情形之一,进行保险诈骗活动,数额较大的,处五年以下有期徒刑或者拘役,并处一万元以上十万元以下罚金;数额巨大或者有其他严重情节的,处五年以上十年以下有期徒刑,并处二万元以上二十万元以下罚金;数额特别巨大或者有其他特别严重情节的,处十年以上有期徒刑,并处二万元以上二十万元以下罚金或者没收财产。

①投保人故意虚构保险标的,骗取保险金的。
②投保人、被保险人或者受益人对发生的保险事故编造虚假的原因或者夸大损失的程度,骗取保险金的。
③投保人、被保险人或者受益人编造未曾发生的保险事故,骗取保险金的。
④投保人、被保险人故意造成财产损失的保险事故,骗取保险金的。
⑤投保人、受益人故意造成被保险人死亡、残疾或者疾病,骗取保险金的。

有前款第四项、第五项所列行为,同时构成其他犯罪的,依照数罪并罚的规定处罚。

保险事故的鉴定人、证明人、财产评估人故意提供虚假的证明文件,为他人提供诈骗条件的,以保险诈骗的共犯论处。

二、任务实施

项目1　伪造相关证据之痕迹造假案件

1 项目说明

2011年12月2日20时30分左右,标的车驾驶员孔子明(化名)报案称驾驶车牌号码为湘A0××××蒙迪欧在长沙万家丽路与劳动路交叉辅道时,因避让行人,撞到路边的石墩,标的车前保险杠右侧及雾灯受损,其他无损。本项目即是对该车辆事故现场进行查勘,查勘中发现诸多疑点后根据现场痕迹及现场取证,从而判断出该事故现场的真伪。

2 技术要求与标准

(1)现场查勘服务规范中的基本要求与查勘技能。
(2)现场查勘特殊案件处理证据搜集及信息处理技能。
(3)具备灵活运用相关法律法规的综合技能。
(4)敏锐的洞察力与真伪事故辨别能力,侦察与反侦察能力。

3 设备器材

(1)理实一体化教室1间或室外模拟现场。
(2)事故车辆1辆。
(3)数码照相机、录音笔、手机若干。

4 作业准备

(1)车险欺诈事故模拟现场。
(2)数码照相机、录音笔、手机处于可正常使用状态。

注:本任务中其他项目的技术要求与标准、设备器材、作业准备同此处,后面省略。

5 操作步骤

1)常规查勘步骤

(1)了解事故现场情况:事故当事人姓名、标的车车牌号码、车型、保险单号、车架号码、发动机号码、出险时间、出险地点及有效证件等信息,并取证。

(2)了解事故出险原因:据当事人孔子明(化名)说,在12月2日20时30分左右驾驶车牌号码为湘A0××××蒙迪欧在长沙万家丽路与劳动路交叉辅道时,因避让行人不慎撞到马路边的石墩。

(3)了解事故损失情况:该车辆前保险杠左侧、左前雾灯受损,其他无损。

(4)分析事故现场的环境:事故现场在长沙万家丽路与劳动路交叉辅道,该地段来往行人并不多,道路宽敞,车辆碰撞上路边石头的可能性很小,且即便碰撞,损失也不至于过大。该案件标的车受损严重,受损面积大且碰撞印记不规则,而碰撞物石墩上的碰撞痕迹轻微,存在疑点。

2)发现疑点,重点调查与取证

(1)对现场进行有针对性的重点查勘与取证,发现不合理情况有七点(图4-1~图4-8),分别分析如下。

疑点一:
(1)事故碰撞的痕迹为不规则的、较深的划痕;
(2)痕迹较陈旧

图4-1 事故痕迹

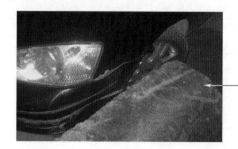

疑点二：
标的车碰撞点为左前保险杠、碰撞面为弧形凹痕；而碰撞物石墩的碰撞面为平整的平面，如果要撞成这种凹陷的痕迹应该与类似比较尖的物体相撞才可形成

图 4-2　事故碰撞点

疑点三：
(1)碰撞物石墩上面的碰撞印记只有轻微的碰撞划痕；
(2)同时也没有留下任何标的车车身碰撞面黑色的油漆印记

图 4-3　事故碰撞物

石墩碰撞接触面高度范围：30~40cm

疑点四：
标的车受损位置的高度与碰撞物体的碰撞高度不一致，位置差10cm

图 4-4　石墩碰撞高度

疑点五：
地面很干净，无碰撞脱落的黑色油漆片

图 4-5　碰撞残片及散落物

图 4-6　其他碰撞损失(灯受损脱落)

图 4-7　制动拖印取证

图 4-8　标的车碰撞高度

(2)对当事人进行进一步的询问,并做笔录。如图 4-9 所示。

3)得出查勘结论

该案经查勘发现:

(1)标的车受损部位有明显的旧痕。

(2)碰撞高度不一致。

(3)碰撞物石墩上没有明显的碰撞痕迹,地面也无碰撞散落油漆片。

(4)事故路段路面无制动拖印,如果是当事人所说是避让行人应该有紧急制动痕迹。

图 4-9　现场查勘笔录

(5) 笔录中报案当事人有意隐瞒自己就是车主的身份,没有履行如实告知义务。

查勘员根据以上情况判定该案属于人为造假事故,根据保险合同的相关条款约定,该案予以拒赔。

后经了解该案件的真实情况为:驾驶员(即也是被保险人)孔子明(化名)驾驶标的车在上述路段系故意碰撞石墩,被保险员和驾驶员为同一人,在笔录中,驾驶员故意说是朋友的车,以为可以逃避责任。当事人称标的车受损原本是在外地不慎刮擦没有报案,这次想把以前受损的前保险杠修理,于是就在石墩上轻微刮擦,向保险公司报了案。

4)填写查勘报告

现场查勘报告见表4-1。

小知识　车辆保险欺诈案件事故现场的共同特征

(1) 车型:人为故意制造假事故车辆多为老款残旧的进口车型(老款高档车、配件难买且贵)超额投保。

(2) 投保:保险合同成立后迟迟不按约定缴费,而突然以现金方式主动上门缴交,或在周末假日等时间交给业务人员,造成缴费事实后立即报案索赔;出险时间与投保时间非常接近;出险时间接近保险期限截止时间;曾多次动员投保未能奏效,却突然主动上门投保;投保险种有针对性选择,且高保额投保。

(3) 作案时间地点:人为故意制造假事故地点多为偏僻少人的道路及空地;时间多选择在深夜且人烟稀少之地,或故意说不清楚具体地点,让保险公司无法查勘现场。

机动车辆保险事故现场查勘报告　　表4-1

承保公司	标的车(A):	第三者(B):	第三者(C):
被保险人	孔子明		
商业险单号	4403XXXXXXXX21		
交强险单号	4403XXXXXXXX21		
车辆号牌	津A0XXXX		
厂牌车型	蒙迪欧		
VIN码	LHXXXXXXXXXXXXXXX		
驾驶员-证号	422430XXXXXXXXXXXX		
联系电话	133XXXX8038		

出险时间：2011年12月2日20:30　出险地点：长沙万家丽路与劳动路交叉辅道　　当事人与被保险人关系：本人
查勘时间：2011年12月2日21:00　查勘地点：长沙万家丽路与劳动路交叉辅道　　被保险人电话：133XXXX8038
出险原因：碰撞☑ 倾覆□ 火灾□ 爆炸□ 台风□ 暴雨□ 自燃□ 玻璃单独破碎□ 车身划痕□ 其他□　使用性质：非营运
行驶证年审有效期：2014年5月　驾驶证有效起始日期：2011年2月1日 6年有效　驾驶证准驾代号：C1

出险经过描述：2011年12月2日20时30分，孔子明 驾驶标的车辆 在万家丽路与劳动路交叉辅道行驶 时，因 避让行人 发生 碰撞 事故。

现场草图：原始□ 移动□ 恢复□ 其他□ 北

初步认定损失项目：
(A) 前和左侧及左前雾灯受损，其它无损
(B) /
(C) /

查勘人初步判断☑　交警认定□：本次事故中(A)负　责任，(B)负　责任，(C)负　责任。　备注：

查勘人意见：经组织查勘，受损部位有旧痕，碰撞高度不一致，碰撞物无明显碰撞痕迹，痕迹不吻合，建议按保险条款之相关约定处理，予以拒赔，不立案。

提示：为了保障您的合法权益，车辆在维修前必须由责任方保险公司确认损失后才能进行维修。报定损电话：

本人对以上情况已仔细阅读并确定属实，无争议，且同意查勘人的意见，如有虚假，愿意承担法律责任。

当事人签名：(A)：孔子明　(B)：/　(C)：/
查勘人签名：张三
查勘人电话：133XXXX8899

（4）痕迹：①人为故意制造假车辆车损部位和痕迹不吻合，高度不一致，地上车身的残片往往不能拼凑成形，事故车身上往往有旧的痕迹和锈迹，或有现场不存在的漆印，离碰撞部位较远的部位也有损伤。②人为故意制造假事故道路上很少有制动拖印。

(5)出险周边环境:人为故意制造假事故现场附近停有无关车辆。

(6)当事人表现:人为故意制造假驾驶员多为有多年驾龄的驾驶员。驾驶员故意表现出急躁情绪,事故中很少有人员受伤,如是双方事故存在揽责和推卸责任的情况;当事人在事发后立即外出或去向不明;当事人(事故处理人)具有不寻常的保险专业知识,对保险理赔流程非常熟悉、对车辆的零部件名称也非常的熟悉;在定损或核赔时极易达成妥协,假意不计较定损或赔款的多少,表现出很大方;或假意以打官司相威胁。

(7)车损情况:车辆严重损毁,而驾驶员或乘客却没受伤或只是轻伤,无需住院治疗,无人伤费用索赔;人为故意制造假车辆有气囊爆裂,无异味和高于常温的情况,气囊的接头也有异常。

(8)事情描述:报案称追尾重型货车,自车损失严重而前车无损,或前车无需索赔,已离开现场;或称交警允许前车离开。

(9)提供的物证资料等:提供的单证有涂改、笔迹相似、签署时间过于集中或使用术语不标准不规范等现象。

小知识:事故现场真伪判断技巧

(1)熟读、深刻理解保险条款,提升对案件的警觉能力。

(2)带着疑问看案子,掌握好现有的第一手资料,让事实说话。

(3)分析案件的疑点或事故存在哪种除外责任或骗保的可能,列好问话的提纲,找到突破口。如:①现场是否相符;②相关单证、当事人是否相符;③相关事宜是否相符。

(4)提高问话的艺术性,掌握沟通技巧,消除客户的警惕性。

(5)注意法制的宣讲。

项目2 伪造证据之保险标的不具可保利益作假案件

1 工作情境描述

2011年7月,车牌号码为湘A10×××,于7月15日在长沙某保险公司投保,7月17日在长沙东塘立交桥下涉水行驶被水淹,发动机损坏,7月18日报定损。保险公司接到报案,赶往现场进行勘查。

2 项目说明

某保险公司接到报案,派遣查勘人员进行现场查勘,结合项目2的情境描述,在查勘过程中,查勘员调查标的车投保记录,在进行笔录等进一步详细调查后发现以下疑点:标的车投有涉水损失险,但投保时并未验车,还没有验车报告,没有保险利益,标的车的投保时间为7月15日,出险时间为7月17日。根据查勘时取得的证据,判断事故现场的真伪。

3 操作步骤

1) 常规查勘步骤

(1) 查勘了解事故现场情况,向当事人了解驾驶员当事人姓名、标的车牌号码、车型、保险单号、车架号码、发动机号码、出险时间、出险地点及有效证件等。

(2) 了解事故出险原因。据当事人称,在7月17日14时左右驾驶车牌号码为湘A0×××蒙迪欧在长沙东塘立交桥下涉水行驶被水淹,发动机损坏,并于7月18日报定损。

(3) 分析事故现场的环境。事故现场在长沙东塘立交桥下涉水行驶;当时天气情况的确是下暴雨,有交警在疏通和指挥交通。

2) 发现疑点,重点调查与取证

(1) 时间对比。如图4-10所示。

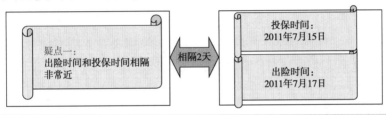

图4-10 出险时间对比

(2) 是否具有保险利益。如图4-11所示。

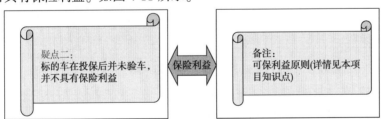

图4-11 保险利益

(3) 客户投保了涉水险。如图4-12所示。

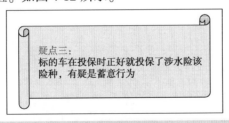

图4-12 保险险种

(4) 笔录,如图4-13所示。

3) 得出查勘结论及案件真相

综合上述疑点:标的车投有涉水损失险,但投保时并未验车,还没有验车报告,没有保险利益;标的车的投保时间为7月15日,出险时间为7月17日。调查取证中,当事人现场笔录所

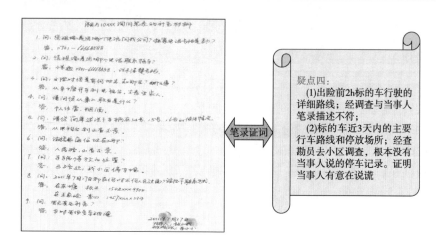

图4-13 现场查勘询问笔录

述的事实和调查实际情况不符,即停车地点和近期3天标的车的行驶路线等当事人有意隐瞒实情。经与客户宣讲调查结果及法律知识,客户主动打报案电话销案,销案金额:40万元。

项目3 伪造相关证据之出险地点作假案件

1 工作情境描述

查勘员接到调度指令,称标的车车牌号码为湘A0××××因停放受损。查勘员即刻赶往现场查勘。

2 项目说明

查勘人员赶赴车险事故现场,进行现场信息的查勘和取证,并得出查勘结论。结合项目3的情境描述,对标的车湘A0××××车辆停放受损事故进行现场查勘。查勘标的车前保险杠、牌照、发动机罩、左前照灯等受损严重,有隐损待检。根据现场痕迹及现场取证发现以下疑点:①综合周边的环境,停放被撞,被撞受损情况非常严重;②标的车被撞的痕迹为深度较深的凹痕;③碰撞处留有其他车身颜色。根据以上查勘判断事故现场的真伪。

3 操作步骤

1) 常规查勘步骤

(1) 查勘了解事故现场情况,向当事人了解标的车当事人姓名、车牌号码、车型、保险单号、车架号码、发动机号码、出险时间、出险地点及有效证件等。

(2) 了解事故出险原因。据当事人说,在11月2日8时30分左右驾驶车牌号码为湘A0××××在嘉祥苑小区门口的路边,中午来取车时发现车辆被撞。

(3) 分析事故现场的环境。嘉祥苑小区门口的路宽广,来往车辆与行人并不是很多。

2) 发现疑点,重点调查与取证

(1) 周边环境的取证,如图4-14所示。

(2) 损失部位近景,如图4-15、图4-16所示。

疑点一：
事故发生地点空旷，且车辆较少，与报案人所称停放被撞的概率不大

图 4-14　车辆出险环境全景照

图 4-15　损失部位近景(1)

图 4-16　损失部位近景(2)

(3) 损失位置，如图 4-17、图 4-18 所示。

疑点二：
痕迹上留有的印记

图 4-17　碰撞近景(1)

疑点三：
碰撞痕迹的形成纹路明显是在双方运动力的作用下挤压过程中造成的印记

图 4-18　碰撞近景(2)

3）得出查勘结论及案件真相

综合上述疑点：①综合周边的环境，停放被撞，且被撞受损严重，理由不成立；②从碰撞的痕迹分析，标的车被撞的痕迹为深度较深的凹痕，应为某重型货车之类的追尾情况造成的印记；③碰撞部位痕迹处留有其他车身颜色。经与报案人沟通和解说，报案人承认是在高速公路上与货车发生追尾，已赔付对方钱，愿意放弃索赔。

项目4　伪造相关证据之出险时间作假案件

1　工作情境描述

2011年3月29日，接某客户报案，3月28日9时许，标的车湘A1××××在京珠高速公路上因爆胎造成车身及护栏损坏的交通事故。经查实，该车为3月27日零时起保险生效。保险人于3月30日派员查勘车损，并赶赴事故发生地复勘。

2　项目说明

查勘人员赶赴车险事故现场，进行现场信息的查勘和取证，并得出查勘结论。本项目结合情境描述，对湘A1××××在京珠高速公路上因爆胎造成车身及护栏损坏的交通事故进行复勘。根据现场痕迹及现场取证发现以下疑点：①标的车投保保险生效时间为3月27日零时起，报案时间为3月28日；②被撞的高速护栏重新修复的时间为3月25日；③标的车受损部位有旧痕。根据查勘时取得的证据，判断事故现场的真伪。

3　操作步骤

1）常规查勘步骤

（1）查勘了解事故现场情况，向当事人了解标的车当事人姓名、性别、车牌号码、车型、保险单号、报案号、车架号码、发动机号码、出险时间、出险地点及有效证件等。

（2）了解事故出险原因。据当事人称，3月28日9时许，标的车湘A1××××在京珠高速公路上因爆胎造成车身及护栏损坏的交通事故。

（3）分析事故现场的环境。高速公路上出险。

2）发现疑点，重点调查与取证

（1）事故地点如图4-19所示。

图4-19　事故地点

（2）时间差异如图4-20所示。

护栏修理时间

疑点一：
标的车报案称事故发生的事件为3月28日在该路段撞坏护栏，而现场护栏修理时间为3月25日，很明显在报案前事故已发生

图4-20　时间差异

（3）痕迹有旧痕，如图4-21所示。

碰撞的旧痕

疑点二：
碰撞痕迹有旧痕

图4-21　痕迹有旧痕

3）得出查勘结论及案件真相

综合以上疑点：①标的车投保保险生效时间为3月27日零时起，报案时间为3月28日；②被撞的高速护栏重新修复的时间为3月25日；③标的车受损部位有旧痕。经与报案人沟通和解说，报案人承认是在投保保险生效前即3月25号前在高速公路上发生的碰撞事故。愿意主动放弃向保险公司索赔。

项目5　虚构保险标的之套牌车辆出险案件

1　工作情境描述

某运输公司报案称其中型客车发生追尾事故，车头部位受损。保险公司接到报案第一时间安排查勘员赶赴汽修厂复勘标的车损失情况。

2　项目说明

查勘人员赶赴汽修厂进行复勘定损过程中发现标的车身份真实性存在疑问，车牌号码存在问题。根据定损时取得的证据，判断事故案件的真伪。

3　操作步骤

1）常规查勘步骤
（1）复勘现场同样要了解事故现场情况，向当事人了解标的车当事人姓名、车牌号码、车型、保险单号、车架号码、发动机号码、出险时间、出险地点及有效证件等。

（2）了解事故出险原因。据标的车驾驶员称在长沙韶山南路井坡子路段与三者车发生追尾事故，三者车有事已离开。

2）发现疑点，重点调查与取证

（1）车辆身份的真假确认，如图4-22、图4-23所示。

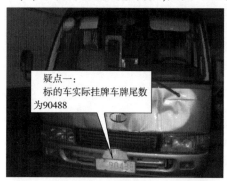

图4-22 实际车牌号码

图4-23 保单上的车牌号码

（2）人为故意涂抹车牌，如图4-24所示。

图4-24 车辆尾部的车牌

3）得出查勘结论及案件真相

结论：综合上述疑点得出，该案为人为故意造假，为一车多牌，根据保险合同的相关约定予以拒赔处理。

小知识：套牌车辆发生事故后报出险的现场特征、查验及取证

套牌车辆发生事故后报出险的现场保险标的车为无牌车辆、套用其他车辆牌照使用并发生事故及造成相当损失后报出险的现场。我国车险合同有规定"除另有约定外，发生保险事故时被保险机动车无公安机关交通管理部门核发的行驶证或号牌"造成的损失，保险人均不负责赔偿。

（1）这样的现场共性表现如下：

①套牌车辆多为货柜拖车和外地车辆。
②事故车大架号和发动机号字体不正规不清晰。
③行驶证印制得较为粗糙,是伪造证件。
(2)查验方法。查勘员一旦发现有以上情况时就应提高警惕,除了常见的查勘工作外,还应特别注意做有针对性的现场询问,询问提纲如下:
①该车的车主和被保险人分别是谁?
②你和车主及被保险人是何关系?
③该车是何时何地购买的?购置价格是多少?
④何时何地上的车牌?
(3)取证方法:对于此类案件发生,一定要对事发车辆车架号、发动机号进行拍摄,在车辆所在地车管部门核实车辆情况。
提示:对于套牌的进口车、改装车、特种车,要在查勘记录中注明国产型号和原厂车型,对有关特征作出必要的说明。

项目6　故意扩大事故损失之换旧件出险案件

1　工作情境描述

某别克轿车车主张小明(化名)于2011年12月30日20时35分左右向某保险公司报案,称在某小区里因避让路边小孩不慎刮到墙上,查勘员到达现场进行查勘。

2　项目说明

查勘人员赶赴车险事故现场,结合项目6的情境描述,对客户张小明(化名)先生的车辆事故进行现场查勘。根据现场痕迹及现场取证,发现存在以下疑点:①碰撞痕迹不吻合;②标的车受损痕迹有明显的旧痕;③标的车受损的痕迹为间断的多次刮擦,有明显的人为扩大损失疑点。根据查勘时取得的证据,判断事故现场的真伪。

3　操作步骤

1)常规查勘步骤
(1)查勘现场了解事故现场情况,向当事人了解标的车当事人姓名、车牌号码、车型、保险单号、车架号码、发动机号码、出险时间、出险地点及有效证件等。
(2)了解事故出险原因。据当事人称,因避让路边小孩不慎刮到墙上。
(3)分析事故现场的环境。事发地点为小区某角落,周边来往行人并不多。
2)发现疑点,重点调查与取证
(1)碰撞近景,如图4-25所示。
(2)碰撞物近照,如图4-26所示。
(3)碰撞痕迹,如图4-27所示。

(4) 前照灯受损近照,如图 4-28 所示。

图 4-25　碰撞近景

图 4-26　碰撞墙残留轻微痕迹

图 4-27　碰撞痕迹不连续

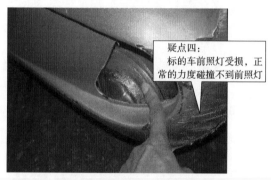

图 4-28　前照灯受损

3) 得出查勘结论及案件真相

综合上述疑点,经查勘员与保险公司查询该标的车的报案情况,在半个月前有过一次报案,受损部位是左前保险杠刮擦受损。综合本次事故的疑点:①碰撞痕迹不吻合;②标的车受损痕迹有明显的旧痕;③标的车受损的痕迹为不连续的多次刮擦,有明显的人为扩大损失疑点;④碰撞接触面墙体的碰撞印迹几乎没有,这与车辆的受损严重程度无法成正比。经查勘员与标的车驾驶员进行沟通,标的车驾驶员承认是上次有刮擦,也报了保险没有去修,这次想把前照灯一起修,于是再撞了前照灯希望保险公司赔付。根据上述情况,保险公司予以拒赔,标的车驾驶员同意放弃索赔。

项目 7　故意制造事故之二次碰撞案件

1　工作情境描述

某车牌号码为湘 A×××××的海马小轿车,于 2007 年 5 月 21 日 9 时 10 分报案称在河西麓谷园内与小型货车相撞,保险公司委派属于该区域 A(河西区域)保险公估公司人员前往现场查勘。经查勘,标的车后杠左侧刮花、倒车雷达受损,其他受损,痕迹吻合,保险公司予以受理此次事故。

2007年5月21日10时30分左右又接到该标的车报案,称在河东雨花区某小区内倒车撞墙发生了车辆受损事故,保险公司委派属于该区域B(雨花区)保险公估公司查勘员赶赴现场查勘。经查勘,标的车受损部位为后杠左侧刮花、倒车雷达受损,左后尾灯破裂,其他无损。

2 项目说明

查勘人员赶赴车险事故现场,进行现场信息的查勘和取证,并得出查勘结论。结合项目7的情境描述,对标的车辆事故进行现场查勘。根据现场痕迹及现场取证,标的车在同一天相隔很近的时间内发生两次事故,且受损的位置为同一部位,第二次事故扩大了损失,左后尾灯破裂。经查勘员认真与保险公司内部接案平台比对,得出本次报案存在疑点。根据现场查勘判断事故现场的真伪。

3 操作步骤

1)常规查勘步骤

(1)查勘了解事故现场情况,向当事人了解标的车当事人姓名、车牌号码、车型、保险单号、车架号码、发动机号码、出险时间、出险地点及有效证件等。

(2)了解事故出险原因。据当事人称,因倒车不慎相撞。

2)发现疑点,重点调查与取证

(1)第一次报案受损部位照片,如图4-29所示。

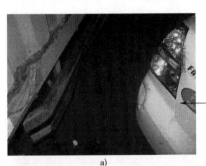

第一次报案受损照片:
车后保险杠左侧刮花、倒车雷达受损,其他受损

a)

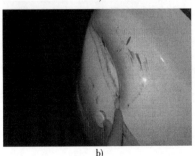

b)

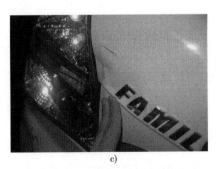

c)

图4-29 第一次报案受损部位照片(备注:本次事故左后尾灯并没有受损)

（2）第二次报案受损部位照片，如图4-30所示。

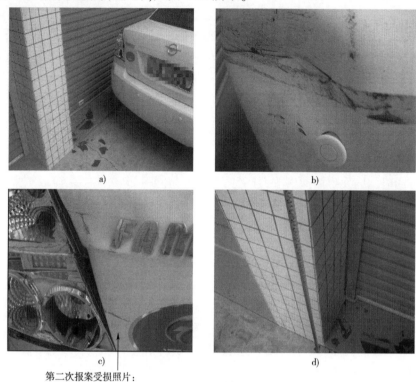

第二次报案受损照片：
后保险杠左侧刮花、倒车雷达受损，左后尾灯破裂

图4-30　第二次报案受损部位照片

3）得出查勘结论及案件真相

综合上述疑点：根据保险公司报案平台的记录，标的车报案时间间隔短，受损部位基本是同一位置。经查勘员与标的车驾驶员沟通，当事人承认之前报案，在前一次事故中，尾灯被刮擦有些印子，保险公司称未达到修复更换的程度。当事人为了达到更换尾灯的目的，于是二次碰撞扩大损失。经与当事人宣讲法律后果，当事人同意放弃索赔。

项目8　故意制造事故之非第一现场案件

1　工作情境描述

某标的车报案称因避让行人，不慎撞到路边的石墩，造成底盘受损。

2　项目说明

查勘人员赶赴车险事故现场，进行现场信息的查勘和取证，并得出查勘结论。结合项目8设计的情境描述，对标的车辆事故进行现场查勘。根据现场痕迹及现场取证，发现以下疑点：①发动机温度较低；②冷却液温度表的指针位于最低刻度；③轮毂温度较高，轮毂周边的温度较高。根据以上取证，判断事故现场的真伪。

3 操作步骤

1) 常规查勘步骤

（1）查勘了解事故现场情况，向当事人了解标的车当事人姓名、车牌号码、车型、保险单号、车架号码、发动机号码、出险时间、出险地点及有效证件等。

（2）了解事故出险原因。据当事人称，因避让行人不慎撞到石墩。

（3）分析事故现场的环境。事故地点位置比较偏僻。

2) 发现疑点，重点调查与取证

（1）碰撞近景，如图4-31所示。

疑点：
发动机温度较低；冷却液温度表的指针位于最低刻度；轮毂温度较高，轮毂周边的温度较高；证明该车有被拖车拖至现场的可能

图4-31 碰撞近景

（2）受损部位，如图4-32所示。

3) 得出查勘结论及案件真相

综合上述疑点：发动机温度较低，冷却液温度表的指针位于最低刻度，证明在很长一段时间未启动车辆，若是正常行驶中受损，发动机的温度应该有正常余温；而轮毂温度较高，轮毂周边的温度也较高，证明车辆有被机械拖动行驶的可能，该案有可能是标的车并非在行驶到该位置受损，有被拖车拖至现场摆放事故现场嫌疑。经与当事人沟通，将以上疑点与当事人解说和分析，当事人承认不是在

图4-32 受损部位漏油

该地点发生的事故。该案为非第一现场事故，为人为摆放现场。经与被保险人沟通，当事人同意放弃索赔。

三、学 习 评 价

1 理论考核

（1）常见的假案分类有哪些？

(2) 弄虚作假制造假案的法律责任有哪些？
(3) 人为故意制造假事故的现场常见现象特征有哪些？
(4) 总结辨别真伪案件的技巧有哪些？

2 技能考核

考核项目 通过对一个车险造假案例现场查勘，辨别事故真假。

请根据下列案情信息给出查勘结论。

某案件的相关信息：2011 年 9 月 5 日，标的车驾驶员张小军（化名）驾驶标的车在长沙市井湾子嘉年华小区停车场因避让行人撞柱子。查勘员在接调度指令赶赴长沙市井湾子嘉年华小区停车场对车牌为湘 AB××××号车出险现场进行查勘。标的车驾驶员张小军报案时称：标的车在上述地点撞到墩子。到达现场后，我组向驾驶员了解情况，据标的车驾驶员张小军（化名）所述：2011 年 5 月 5 日 20 时 30 分许，其驾驶标的车在上述地点行驶时，因操作不当，撞到路边的柱子。造成标的车右前照灯、前保险杠右侧、右前保险杠灯、右前照灯喷水器、右前翼子板及内衬、右前门及饰条受损。

事故现场查勘照片，如图 4-33 所示。

根据上述案例，辨别真伪事故现场，并依据考核评分表进行技能考核（表 4-2）。

a)

b)

c)

d)

图 4-33

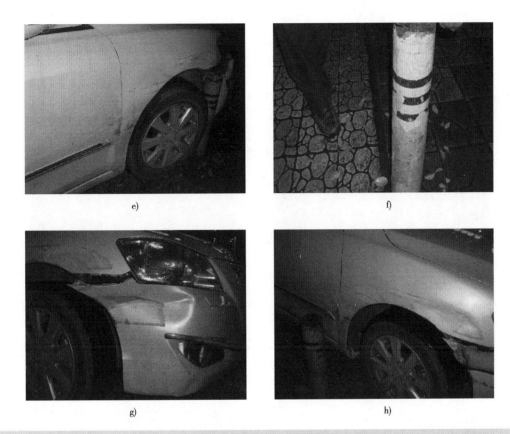

图 4-33 事故现场查勘照片

真伪事故现场辨别实操考核评分表　　　　　　表 4-2

序号	考核内容	配分	评分标准	考核记录	扣分	得分
1	常规查勘步骤(查勘基本信息填写、事故原因及经过案情分析)	10 分	每漏一件扣 5 分			
2	案件疑点分析是否全面	30 分	每漏分析记录一处扣 10 分			
3	案件分析思路是否清晰有条理	20 分				
4	案件判定结果是否合理	20 分				
5	查勘记录是否用语规范、结论无误	20 分	每错一处扣 10 分			
	分数总计	100 分				

学生姓名：　　　　　专业：　　　　　班级：

　　　　　　　　　　　　　　　　　　年　月　日

学习任务5　交通事故责任与保险责任认定

学习目标

通过本任务学习,应能:
1. 学会划分一般道路交通事故责任;
2. 能够协助当事人完成《机动车交通事故快速处理协议书》;
3. 能够区别保险责任与交通事故责任;
4. 能够判断车险条款保险责任与除外责任;
5. 学会认定保险责任。

学习时间

8学时。

工作情境描述

某日凌晨4时左右,甲车从车站路由南往西左转上某路时,与一辆由北往南直行的乙车相撞,造成两车受损的交通事故,此事故直接经济损失约7000元。如果你是保险公司定损人员,应如何确定交通事故责任与保险责任认定。

学习引导

根据道路交通事故现场 → 确定当事人道路交通事故责任 → 根据当事人道路交通事故责任 → 协助当事人完成《机动车交通事故快速处理协议书》 → 根据道路交通事故现场 → 确定保险责任 → 拒赔 → 确定事故车辆的损失

一、知识准备

1 交通事故责任分类

交通事故责任是指公安机关交通管理部门在查明交通事故原因以后,根据道路交通安全管理的法律、法规和规章,对当事人在发生交通事故中所起的作用以及过错的严重程度,得出的定性、定量的结论。

根据《道路交通安全法实施条例》和《交通事故处理程序规定》(公安部令第104号)的规定,交通事故责任可分为全部责任、主要责任、同等责任、次要责任和无责任。

1)全部责任

因一方当事人的过错导致交通事故的,承担全部责任;当事人逃逸,造成现场变动、证据灭失,公安机关交通管理部门无法查证交通事故事实的,逃逸的当事人承担全部责任;当事人故意破坏、伪造现场、毁灭证据的,承担全部责任。

2)主要责任

主要责任是指某方当事人的过错是导致交通事故发生的主要原因,其过错行为对交通事故发生的作用较大,过错程度较严重。

3)同等责任

同等责任是指各方当事人的过错均是导致交通事故发生的原因,过错行为对交通事故发生的作用相当,由各方当事人平均承担事故后果。

4)次要责任

次要责任是指某方当事人的过错是导致交通事故发生的次要原因,其过错行为对交通事故发生的作用较小,过错程度较轻。

5)无责任

无责任是指交通事故当事人不承担任何责任。无责任可分为两种情况:第一种,无责任当事人在交通事故中无任何过错;第二种,无责任当事人虽然有一定的过错,但是交通事故由另一方当事人承担全部责任。

2 交通事故责任认定原则

根据《道路交通安全法实施条例》第九十一条规定:"公安机关交通管理部门应当根据交通事故当事人的行为对发生交通事故所起的作用以及过错的严重程度,确定当事人的责任。"

按照交通事故当事人的主观过错是故意或者过失,交通事故责任认定的原则可分为故意造成交通事故的责任认定原则和过失造成交通事故的责任认定原则两种。

1)故意造成交通事故的责任认定原则

根据《交通事故处理程序规定》(公安部令第104号)第四十六条规定:"一方当事人故意造成交通事故的,他方无责任。"

2)过失造成交通事故的责任认定原则

(1)根据路权原则认定事故责任。所谓"路权",是道路上交通参与者依据道路交通安全管理法律、法规的规定,在一定空间和一定时间内使用道路的权利。路权由通行权和先行权组成。

通行权(也称作空间路权)是指交通参与者依据道路交通安全管理法律、法规的规定,在道路某一空间范围内进行交通活动的权利。

先行权(也称作时间路权)是指交通参与者依据道路交通安全管理法律、法规的规定,优先使用道路进行交通活动的权利。通行权和先行权有着紧密的联系,只有享有通行权的交通主体,才有可能获得先行权。因此,先行权是建立在通行权的基础上的。

按照路权原则认定当事人的交通事故责任的大小,大致有以下几种情况:

①交通事故一方当事人的违章行为是违反了通行权的过错行为,而另一方当事人的违章行为没有违反通行权,则由违反通行权的一方承担事故的主要责任,另一方承担相对应的责任。

②当双方当事人都有通行权时,由违反先行权的一方当事人承担事故的主要责任,另一方当事人承担相对应的责任。

③双方当事人都违反了通行权和先行权的有关规定,如果都没有其他的过错行为,则双方当事人承担同等责任。

(2)根据安全原则认定事故责任。根据《中华人民共和国道路交通安全法》(主席令第81号)第三十八条规定:"车辆、行人应当按照交通信号通行;遇有交通警察现场指挥时,应当按照交通警察的指挥通行;在没有交通信号的道路上,应当在确保安全、畅通的原则下通行。"

确保安全是指车辆和行人必须在保证交通安全的原则下通行,是交通参与者应履行的义务。

(3)因果关系原则。当事人承担交通事故责任的另一个前提条件是其违反道路交通安全法的行为与事故之间具有因果关系,即行为是造成事故的原因,这也是交通事故责任构成中的核心问题。当事人的违法行为与交通事故之间因果关系的有无和大小,直接决定了当事人是否应承担交通事故责任以及应承担怎样的交通事故责任。就一般而言,如果当事人的违法行为与事故之间有因果关系,该当事人就要承担事故责任;如果当事人的违法行为与事故之间没有因果关系,该当事人就不承担事故责任。当事人的违法行为对事故所起的作用越大,当事人所负的事故责任也就越大;当事人的违法行为对事故所起的作用越小,当事人所负的事故责任也就越小。

(4)特殊情况下的责任认定。

①肇事逃逸。根据《道路交通安全法实施条例》第九十二条规定:"发生交通事故后当事人逃逸的,逃逸的当事人承担全部责任。但是,有证据证明对方当事人也有过错的,可以减轻责任。"

有这样一个案例:山东省某地,甲某驾驶一辆夏利轿车,行经某收费站,停车缴费后准备驶离。此时,乙某酒后驾驶摩托车行至此处,与夏利轿车追尾相撞,乙某当场死亡。甲某担心承担责任,驾车逃逸。在本起事故中,甲某事故后逃逸,但乙某系酒后驾车,且追尾碰撞正常停车的甲某,所以甲某负担事故的主要责任,乙某负担事故的次要责任。

但是本起事故又提出了一个新的问题:一方当事人没有任何的过错行为,仅因为担心责任而逃逸,而另一方当事人应当承担全部责任却没有逃逸,这种情况逃逸方是否还要承担责任?对于这个问题,条例没有明确的规定,这类问题还需要法律、法规的进一步完善。

②伪造现场。根据《中华人民共和国道路交通安全法实施条例》第九十二条第二款规定:"当事人故意破坏、伪造现场、毁灭证据的,承担全部责任。"

③行人事故。根据《中华人民共和国道路交通安全法》(主席令第81号)第七十六条规定:机动车与非机动车驾驶人、行人之间发生交通事故,非机动车驾驶人、行人没有过错的,由机动车一方承担赔偿责任;有证据证明非机动车驾驶人、行人有过错的,根据过错程度适当减轻机动车一方的赔偿责任;机动车一方没有过错的,承担不超过百分之十的赔偿责任。

3 交通事故处理流程

(1)交通事故处理流程图,如图5-1所示。

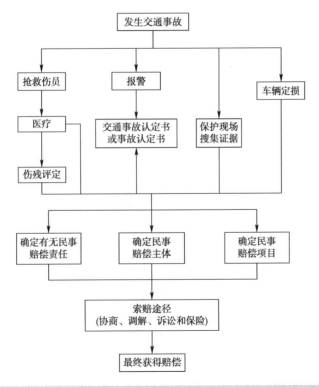

图5-1 交通事故处理流程图

(2)交通事故责任认定流程图,如图5-2所示。

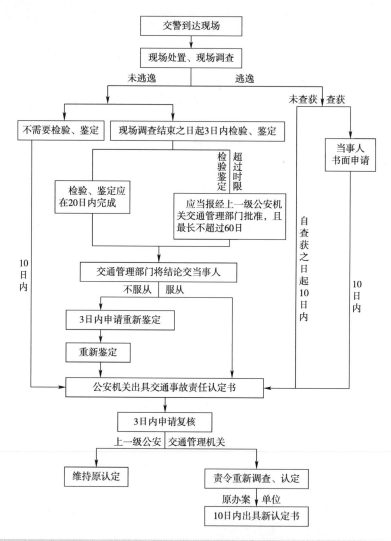

图 5-2 交通事故责任认定流程图

二、任务实施

项目1 道路交通事故部分责任案例分析

案例1 某日早上4时左右,甲车(出租车)由南往西左转上人民路时,与一辆从车站路由北往南直行的红色小轿车相撞,造成两车受损的交通事故(图5-3),此事故直接经济损失7000元左右。

案例分析:《道路交通安全法实施条例》第五十一条规定:"机动车通过有交通信号灯控制的交叉路口,应当按照下列规定通行:

(1) 在划有导向车道的路口,按所需行进方向驶入导向车道。

图5-3 案例1图

(2)准备进入环形路口的让已在路口内的机动车先行。

(3)向左转弯时,靠路口中心点左侧转弯。转弯时开启转向灯,夜间行驶开启近光灯。

(4)遇放行信号时,依次通过。

(5)遇停止信号时,依次停在停止线以外。没有停止线的,停在路口以外。

(6)向右转弯遇有同车道前车正在等候放行信号时,依次停车等候。

(7)在没有方向指示信号灯的交叉路口,转弯的机动车让直行的车辆、行人先行。相对方向行驶的右转弯机动车让左转弯车辆先行"。

甲车驾驶员驾车时忽视交通安全,行经交叉路口时没有严格按照《道路交通安全法实施条例》第五十一条第七款之规定,加之车速过快,是事故发生的主要原因,应负此次事故的主要责任,乙车驾驶员车速过快,承担次要责任。

案例2 某日下午15时30分左右,夏某驾驶出租车从湘江二桥匝道由西往东行驶时,与一辆从岳麓大道突然穿插过来的电动车发生碰撞,造成两车受损,电动车驾驶员受伤的交通事故(图5-4)。

图5-4 案例2图

案例分析:《道路交通安全法》第四十七条规定:"机动车行经人行横道时,应当减速行驶。"出租车经过人行横道时没有减速行驶,当有情况突发时因为车速过快,自己已经无法控制好车辆,从而导致事故的发生。夏某应负此事故的主要责任。

项目2　道路交通事故全部责任案例分析

案例1　变更车道时,未让正在该车道内行驶的车先行的,如图5-5所示,均为A车全责。

图5-5　案例1图

案例2　通过没有交通信号灯控制或者交通警察指挥的交叉路口时,在交通标志、标线未规定优先通行的路口,未让右方道路的来车先行的,如图5-6所示,均为A车全责。

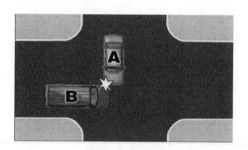

图5-6　案例2图

案例3　通过没有交通信号灯控制或者交通警察指挥的交叉路口时,未让交通标志交通标线规定优先通行的一方先行的,如图5-7所示,均为A车全责。

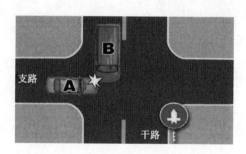

图5-7　案例3图

案例4　通过没有交通信号灯控制或者交通警察指挥的交叉路口时,遇相对方向来车,左转弯车未让直行车先行的,如图5-8所示,均为A车全责。

案例5　红灯亮时,右转弯车未让被放行的车先行的,如图5-9所示,均为A车全责。

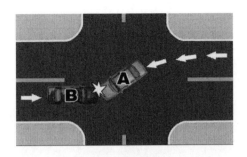

图 5-8 案例 4 图

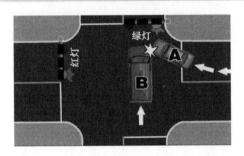

图 5-9 案例 5 图

案例 6 通过没有交通信号灯控制或者交通警察指挥的交叉路口时,相对方向行驶的右转弯车未让左转弯车的,如图 5-10 所示,均为 A 车全责。

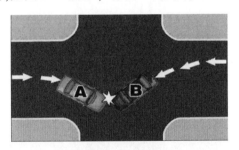

图 5-10 案例 6 图

案例 7 绿灯亮时,转弯车未让被放行的直行车先行的,如图 5-11 所示,均为 A 车全责。

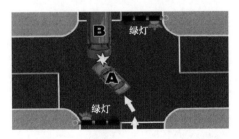

图 5-11 案例 7 图

案例 8 在没有中心隔离设施或者没有中心线的道路上会车时,有障碍的一方未让无障碍的一方先行的;但有障碍的一方已驶入障碍路段,无障碍一方未驶入时,无障碍一方未让有障碍的一方先行的,如图 5-12 所示,均为 A 车全责。

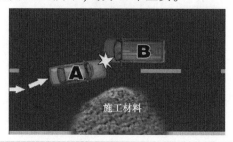

图 5-12　案例 8 图

案例 9　在没有中心隔离设施或者没有中心线的狭窄山路上会车时,靠山体的一方未让不靠山体的一方先行的,如图 5-13 所示,均为 A 车全责。

图 5-13　案例 9 图

案例 10　进入环形路口的车未让已在路口内的车先行,如图 5-14 所示,均为 A 车全责。

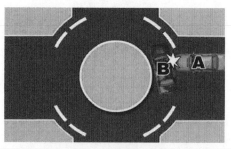

图 5-14　案例 10 图

案例 11　逆向行驶的,如图 5-15 所示,均为 A 车全责。

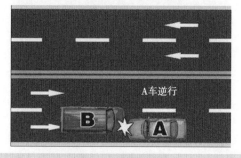

图 5-15　案例 11 图

案例 12　超越前方正在左转弯车的,如图 5-16 所示,均为 A 车全责。

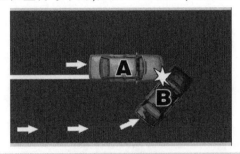

图 5-16　案例 12 图

案例 13　超越前方正在掉头车的,如图 5-17 所示,均为 A 车全责。

图 5-17　案例 13 图

案例 14　与对面来车有会车可能时超车的,如图 5-18 所示,均为 A 车全责。

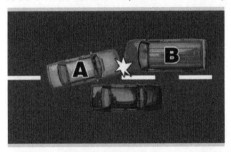

图 5-18　案例 14 图

案例 15　在没有中心线或者同一方向只有一条机动车道的道路上,从前车右侧超越的,如图 5-19 所示,均为 A 车全责。

图 5-19　案例 15 图

案例16 行经交叉路口、窄桥、弯道、陡坡、隧道时超车的,如图5-20所示,均为A车全责。

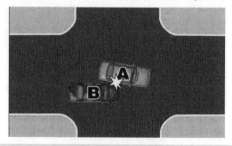

图5-20 案例16图

案例17 超越前方正在超车的车的,如图5-21所示,均为A车全责。

图5-21 案例17图

案例18 在有禁止掉头标志、标线的地方以及在人行横道、桥梁、陡坡、隧道掉头的,如图5-22所示,均为A车全责。

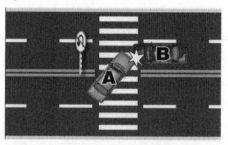

图5-22 案例18图

案例19 在没有禁止掉头标志、标线的地方掉头时,未让正常行驶车先行的,如图5-23所示,均为A车全责。

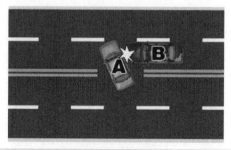

图5-23 案例19图

案例 20 倒车的,如图 5-24 所示,均为 A 车全责。

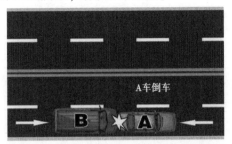

图 5-24　案例 20 图

案例 21 违反规定在专用车道内行驶的,如图 5-25 所示,均为 A 车全责。

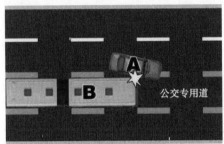

图 5-25　案例 21 图

案例 22 红灯亮时,继续通行的(闯红灯),如图 5-26 所示,均为 A 车全责。

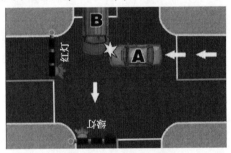

图 5-26　案例 22 图

案例 23 驶入禁行线的,如图 5-27 所示,均为 A 车全责。

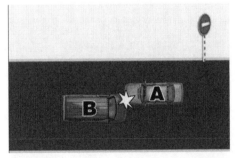

图 5-27　案例 23 图

案例 24 溜车的,如图 5-28 所示,均为 A 车全责。

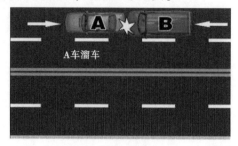

图 5-28　案例 24 图

案例 25 未按照交通警察指挥通行的,如图 5-29 所示,均为 A 车全责。

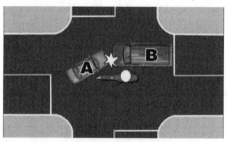

图 5-29　案例 25 图

案例 26 违反装载规定,致使货物超长、超宽、超高部分造成交通事故的,如图 5-30 所示,均为 A 车全责。

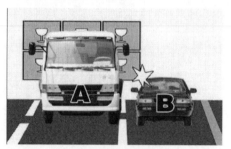

图 5-30　案例 26 图

案例 27 违反导向标志指示行驶的,如图 5-31 所示,均为 A 车全责。

图 5-31　案例 27 图

案例 28　装载的货物在遗撒、飘散过程中导致交通事故的,如图 5-32 所示,均为 A 车全责。

图 5-32　案例 28 图

案例 29　在机动车道上违法停车的,如图 5-33 所示,均为 A 车全责。

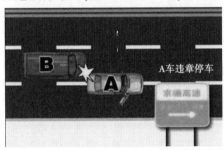

图 5-33　案例 29 图

案例 30　未按导向车道指示方向行驶的,如图 5-34 所示,均为 A 车全责。

图 5-34　案例 30 图

项目 3　填写交通事故认定书

1　项目说明

交通事故认定书是公安机关交通管理部门根据交通事故现场勘验、检查、调查情况和有关的检验、鉴定结论,而制作的载明交通事故的基本事实、成因和当事人责任的一种文书。事故发生后应填写道路交通事故认定书。

2　技术要求与标准

(1)能根据事故现场查勘报告及事故责任分析,正确填写事故认定书和交通事故认定书。

（2）交通事故认定书所记载的内容虽然是事故当事人的解决事故民事赔偿、申请重新认定已经公安机关和司法机关追究当事人行政责任和刑事责任的重要依据，但其本质上只属于处理交通事故的一种证据，对法院而言，这个认定书具有证据的效力，而不是进行损害赔偿的当然依据，人民法院应当对事故认定书的内容在法庭上进行审查。这是因为道路交通事故的性质是一种特殊类型的民事侵权行为，对这种特殊侵权行为处理的重点是通过调解或者诉讼来赔偿受害人、合理分布事故损失。因此，对于当事人的过错大小的认定以及损害赔偿责任的认定，是法院的职责。公安机关的认定书只起到事实认定、事故成因分析的作用。

3 作业准备

每人准备一份交通事故认定书（表 5-1）。

表 5-1

交通事故认定书

（此处印制公安机关交通管理部门名称）
交通事故认定书
（此处填写文书编号）
交通事故发生时间、地点、天气：
当事方基本情况：
交通事故基本事实：
交通事故形成原因及当事人责任或者意外原因：
当事人签名：_____ _____ 交通警察：（签名或盖章）_____ （公安机关交通管理部门印章） 年　月　日

4 填写交通事故认定书

《交通事故处理程序规定》(公安部令第 104 号)第四十八条规定,道路交通事故认定书应当载明以下内容:

(1)道路交通事故当事人、车辆、道路和交通环境等基本情况。
(2)道路交通事故发生经过。
(3)道路交通事故证据及事故形成原因的分析。
(4)当事人导致道路交通事故的过错及责任或者意外原因。
(5)做出道路交通事故认定的公安机关交通管理部门名称和日期。

道路交通事故认定书应当由办案民警签名或者盖章,加盖公安机关交通管理部门道路交通事故处理专用章,分别送达当事人,并告知当事人向公安机关交通管理部门申请复核、调解和直接向人民法院提起民事诉讼的权利、期限。

> **小知识:制作交通事故认定书的期限**
>
> (1)根据《交通事故处理程序规定》(公安部令第 104 号)第十五条和第十六条规定,适用简易程序处理的交通事故应当当场制作交通事故认定书。
>
> (2)根据《交通事故处理程序规定》(公安部令第 104 号)第四十六条规定:"公安机关交通管理部门应当自现场调查之日起十日内制作道路交通事故认定书。交通肇事逃逸案件在查获交通肇事车辆和驾驶人后十日内制作道路交通事故认定书。对需要进行检验、鉴定的,应当在检验、鉴定结论确定之日起五日内制作道路交通事故认定书。"
>
> (3)根据《交通事故处理程序规定》(公安部令第 104 号)第四十九条规定:"逃逸交通事故尚未侦破,受害一方当事人要求出具道路交通事故认定书的,公安机关交通管理部门应当在接到当事人书面申请后十日内制作道路交通事故认定书,并送达受害一方当事人。道路交通事故认定书应当载明事故发生的时间、地点、受害人情况及调查得到的事实,有证据证明受害人有过错的,确定受害人的责任;无证据证明受害人有过错的,确定受害人无责任。"
>
> (4)根据《交通事故处理程序规定》(公安部令第 104 号)第五十条规定:道路交通事故成因无法查清的,公安机关交通管理部门应当出具道路交通事故证明,载明道路交通事故发生的时间、地点、当事人情况及调查得到的事实,分别送达当事人。

项目 4 保险责任判定案例分析

案例 1 未履行如实告知义务引发的理赔案例。

案情简介:2009 年 5 月张某为其所按揭水泥泵车根据商业贷款银行的要求,在保险公司投保了机动车辆损失险、第三者责任险、盗抢险和不计免赔险,保险期限为一年。同年 10 月,张某所雇用驾驶员王某驾驶该车在建筑施工过程中,因泵车在作业中支撑臂所支撑地面为一配电室屋顶,导致屋顶塌陷,泵车侧翻,造成泵车、配电室及旁边一施工工人受伤,事故发生后,张某及时向保险公司进行了报案,并要求保险公司予以赔偿。保险公司在查勘完现场后,认为张某未承保起重、装卸、挖掘损失扩展条款,对此案进行拒赔,张某不服,向法院提起诉讼,经法院判决,法院以保险公司未尽到责任免除告知义务且未给张某送达保险条款为由,判保险公司承担赔偿责任。

案情分析:本案的争议焦点是保险公司是否履行了责任免除如实告知义务。根据《保险法》规定,对责任免除,保险人必须对投保人予以明确说明,未明确说明的,该责任免除无效。在机动车辆保险中,保险人履行如实告知的重要证据是查看投保单中责任免除是否有投保人签字,如存在保险代理人未经客户授权进行代签或保险公司出单员未审核是否有投保人签字而签发保险单的情形,均会导致保险人因未履行该项义务而承担赔偿责任。

案例2 乘客在下车过程中因车辆突然启动,致乘客摔出车外理赔案例。

案情简介:2010年3月,某公交公司将其所有车辆向保险公司承保了交强险、第三者责任险、车上人员责任险及不计免赔险。同年7月该公交公司王某驾驶该车行至公交站点时,因上下车乘客较多,观察不够,王某在乘客未完全下车的情况下,启动车辆,导致一脚已落地未完全下车的乘客李某从车内摔至车外,造成李某受伤并致九级伤残。李某因赔偿纠纷,将公交公司及保险公司诉至法院要求赔偿其各项损失7万元,此案经一审法院审理,法院判保险公司在交强险限额内赔付李某7万元,并承担案件诉讼费。保险公司不服,提起上诉,经中级人民法院再审,此案驳回原判,由公交公司承担全部赔偿责任,保险公司不承担交强险赔偿责任。

案情分析:本案的争议焦点是李某是属于第三者还是车上人员。本案李某受伤,从车上摔至车下,是一个持续连贯且不可分割的过程,意外事故发生的瞬间,李某仍然未完全离开车体,因而仍然属于车上人员,保险公司应按车上人员责任险予以赔偿。

案例3 交强险保险责任认定案例。

案情简介:2008年5月,某公司将其自有的一辆起重吊车在保险公司承保了交强险、车损险、商业第三者责任险和不计免赔险,其中商业第三者责任险限额为10万元。同年10月,该起重机在施工场地吊钢材时,因不慎碰触高压线,造成其下手扶钢材的两名工作人员当场触电而亡。随后该公司向保险公司提出索赔,但保险公司却只赔偿商业第三者责任险,对交强险予以拒赔。

案情分析:本案的争议焦点是交强险是否应该予以赔付。交强险条例第二十一条明确规定:"被保险人发生道路交通事故造成本车人员、被保险人以外的受害人人身伤亡、财产损失的,由保险公司依法在机动车交通事故责任强制保险限额范围内予以赔偿"。上述赔偿均有个前提条件是发生道路交通事故,由于本案不属于道路交通事故,且交强险条例第四十三条规定:"机动车在道路以外的地方通行时发生事故,造成人身伤亡、财产损失的赔偿,比照适用本条例"。本案即不属于道路交通事故且出险时保险车辆并未处于通行状态,因而保险公司不承担交强险赔偿责任。

案例4 第三者责任险保险责任认定。

案情简介:2007年某运输公司将其一辆从事长途旅客运输的客车在保险公司承保了车

损险、第三者责任险、车上人员责任险、交强险、不计免赔险及火灾、爆炸、自燃损失险。同年底,该车行至甘肃路段,因早上天气较冷,车辆启动不着,驾驶员自行将随车携带的喷灯点着,对车辆发动机油底壳进行加热,加热完毕后,因天仍然过早,光线不够,驾驶员也未仔细观察是否存在隐患就上车对车辆进行了启动,在启动着后,驾驶员将车辆置于怠速状态就自行到餐厅去吃饭,随后发生车辆自燃,并连带引燃旁边停放另一辆客车,造成两车严重受损。发生事故后,该运输公司及时向保险公司进行了报案。此事故经保险公司及当地消防大队查勘,消防大队出具了火灾认定报告,认定该起事故是因喷灯直接烘烤引燃供油系统所致,随后保险公司对此起事故车损险部分进行了拒赔。

案情分析:本案的争议焦点是第三者责任险和火灾、爆炸、自燃损失险是否予以赔付。第三者责任险承保的是被保险人或其允许的驾驶人在使用被保险车辆过程中发生意外事故,致使第三者遭受人身伤亡或财产直接损毁。本案火灾属于意外事故,第三者车辆损失依法也应当由运输公司承担,因而保险公司要承担第三者车损的赔偿责任。对被保险机动车因此次火灾造成的损失,由于在火灾、爆炸、自燃损失险保险责任中明确规定:人工直接供油、高温烘烤造成的损失保险人不负责赔偿。因而对被保险机动车车损部分,保险公司进行了拒赔。

三、学 习 评 价

1 单选题

(1)《非营业用汽车损失保险》条款规定保险车辆发生保险责任事故造成损失应当由第三方负责赔偿,而无法找到第三方时的免赔率为(   )。

　　A.30%　　　　B.20%　　　　C.15%　　　　D.10%

(2)以下(   )不属《营业用汽车损失保险》的保险责任。

　　A.碰撞、倾覆、坠落　　　　　　B.火灾、爆炸、自燃

　　C.外界物体坠落、倒塌　　　　　D.雷击、雹灾、暴雨、洪水、海啸

(3)未确定事故责任比例时,依据非营业用汽车损失保险条款规定,主要责任方(   )。

　　A.承担责任比例为60%　　　　B.承担责任比例为70%

　　C.承担责任比例为80%　　　　D.可协商确定,60%、70%、80%均可以

(4)(   )是指投保人对保险标的应具有的法律上承认的利益。

　　A.保险利益　　B.保险价值　　C.保险金额　　D.保险责任

2 多项选择题

(1)根据《非营业用汽车损失保险》条款规定,驾驶员有以下(   )情形时,发生的事故保险人不负责赔付。

　　A.机动车驾驶人在机动车驾驶证有效期满后,驾驶车辆

　　B.驾驶证载明的准驾车型与所驾驶的车型不符

C. 驾驶证被依法扣留、暂扣期间

D. 实习期内驾驶营运客车

(2)《家庭自用汽车损失保险》条款中规定保险人在依据本保险合同约定计算赔款的基础上,按照免赔率免赔,下列说法错误的是( )。

  A. 负次要事故责任的免赔率为5%,负同等事故责任的免赔率为8%,负主要事故责任的免赔率为10%,负全部事故责任或单方肇事事故的免赔率为15%

  B. 负次要事故责任的免赔率为5%,负同等事故责任的免赔率为10%,负主要事故责任的免赔率为15%,负全部事故责任或单方肇事事故的免赔率为15%

  C. 负次要事故责任的免赔率为5%,负同等事故责任的免赔率为8%,负主要事故责任的免赔率为10%,负全部事故责任或单方肇事事故的免赔率为20%

  D. 负次要事故责任的免赔率为5%,负同等事故责任的免赔率为10%,负主要事故责任的免赔率为15%,负全部事故责任或单方肇事事故的免赔率为20%

(3)根据《家庭自用汽车损失保险》条款规定,驾驶员有以下( )情形时,发生的事故保险人不负责赔付。

  A. 饮酒   B. 吸食或注射毒品

  C. 被药物麻醉后使用被保险机动车 D. 从事违法活动

(4)下面哪几项属于《营业用汽车损失保险条款》中的责任免除范围之内( )。

  A. 自然磨损、朽蚀、腐蚀、故障 B. 玻璃单独破碎,车轮单独损坏

  C. 无明显碰撞痕迹的车身划痕 D. 人工直接供油、高温烘烤造成的损失

  E. 火灾、爆炸、自燃造成的损失

3 案例分析

(1)2008年11月驾驶员李某为其普通桑塔纳轿车在保险公司投保了为期一年的交强险、车辆损失险和第三者责任险及不计免赔险。2009年3月,李某驾车行经吐乌大高速公路小草湖路段时,因逆风行驶,发动机罩在行驶中突然翻起与前风窗玻璃相碰撞,事发后李某立即右打方向并采取紧急制动,但因视线被翻起的发动机罩挡住,无法看清前方道路,加之车速过快,导致车辆右前部与道路右侧护栏相撞,此事故共造成车辆前保险杠、前照灯、发动机罩、前风窗玻璃、散热器框架、散热器、冷凝器、翼子板损坏,事发时据气象部门预报当地风速为7级。事后,交通管理部门进行查勘,认定驾驶员李某负全部责任。除承担自车损坏修理费外,还要赔偿护栏损坏修复费用8000元。

  驾驶员李某事发后立即向保险公司进行了报案,并提出索赔,但保险公司则以构不成暴风及碰撞责任为由拒绝赔偿。但李某认为,车辆的损失完全是由碰撞造成的,保险公司应当予经赔偿所造成的车辆损失和第三者护栏损失。由此双方产生争议。请你分析案情确定保险责任。

(2)2003年11月25日晨,徐某驾驶一辆捷达轿车行驶到一弯路时,由于天冷路滑,徐某在借道超车时驶入逆行,与迎面而来的一辆拖拉机相遇,拖拉机驾驶员张某当即向右打轮避让捷达,致使拖拉机侧翻造成受损、一名乘客重伤及张某轻伤的交通事故,合计损失达2.3万元,徐某的车安然无恙。经公安交通管理部门裁定:徐某在此次交通事故中负全部责

任。徐某驾驶的捷达轿车已投保车辆损失险和第三者责任险,事故处理结案后,徐某持保险单,以"第三者责任损失"为由向保险公司索赔,遭到拒赔,双方遂引起纠纷。

主张拒赔的理由如下:保险车辆并未发生意外事故,不存在给第三者造成损失的前提条件。即使按第三者责任立案,由于两车未发生碰撞,故第三者的损失属于间接损毁,而非直接损毁,因此拒赔。

主张赔付的理由如下:张某因紧急避险造成的损失,是由引起险情的被保险人徐某的行为直接导致,理应由徐某承担责任。虽然未发生碰撞,第三者的损失仍可认定为直接损毁。

试对以上争论进行分析。

(3)驾驶员王某驾驶重型货车在行驶过程中轮胎压飞一石子,石子高速飞出击中路边行人李某一眼睛,致其重伤,被送医院治疗,花费15000元。经交通事故处理部门认定,双方均不负责任,李某经伤残鉴定为4级伤残。由于该车投保了10万元的第三者责任险,并且损失较大,王某在收到责任认定书后,立即向保险公司报告,并就李某的治疗费用提出索赔申请。

保险公司受理此案后,就如何处理产生了几种不同意见:一种意见认为保险公司应拒赔。理由是保险车辆本身既没有碰撞,也没有倾覆,没有和第三者发生任何接触,因此,保险车辆本身没有发生"意外事故"。在保险车辆没有发生意外事故的情况下,不构成第三者责任保险的保险责任。另外一种意见认为保险公司应赔付,理由是保险车辆本身虽然没有和第三者发生直接接触,但由于压飞石子造成了对第三者的损害,因此无论对于被保险人还是第三者来说,这种情况都属于意外事故,由于该事故是由于保险车辆的原因造成的,应当属于保险条款所指的"意外事故",保险人应当负赔偿责任。当时车险条款关于第三者责任险的规定为:"被保险人在使用保险车辆过程中发生意外事故,致使第三者遭受人身伤亡或财产的直接损毁,依法应由被保险人支付的赔偿金额,保险人依照保险合同的规定给予赔偿。"你作为保险公司的理赔人员,认为哪种意见比较合理,并阐述理由。如果保险公司需要赔偿,请进一步分析应如何赔偿。

(4)2007年8月,王某为自家轿车(配自动变速器)向保险公司投保了车辆损失险。次年2月初,王某驾车回老家过年,途经宁夏时,因路况不好,且疲劳驾驶,注意力不集中,车底部不慎与路面石块发生碰撞,王某听到车辆底盘发生响声后即停车对底盘进行了检查,发现变速器有轻微漏油现象,由于事发地较为偏僻,离最近的城镇还有40km左右,王某心想漏一点油也没关系,再跑半小时就能到附近城镇,到时找个修理厂检查一下也没问题,于是便继续前行。行驶了10km左右,王某发现变速器声音过大且动力明显不足,便随即停车与车辆购买地4S店联系施救,通过购买地4S店与事发地附近的4S店协调,由事发地所在的4S店对车辆进行了施救,车辆经拖回4S店后,经检查发现:该车除变速器油底壳受损外,变速器内部调整垫片及轴承烧结,滑阀箱烧损,需更换变速器总成,总成价预计达4.6万元。王某随即向保险公司报案并提出索赔。请分析保险公司应如何赔偿。

四、拓展学习

1 对交通事故认定的法律救济与法律监督

当事人对交通事故认定结论有异议的情况应当如何处理,根据《交通事故处理程序规定》(公安部令第104号)第五十一条规定:"当事人对道路交通事故认定有异议的,可以自道路交通事故认定书送达之日起三日内,向上一级公安机关交通管理部门提出书面复核申请"。

复核申请应当载明复核请求及其理由和主要证据。

根据《交通事故处理程序规定》(公安部令第104号)第五十二条规定:上一级公安机关交通管理部门收到当事人书面复核申请后五日内,应当作出是否受理决定。有下列情形之一的,复核申请不予受理,并书面通知当事人。

(1) 任何一方当事人向人民法院提起诉讼并经法院受理的。

(2) 人民检察院对交通肇事犯罪嫌疑人批准逮捕的。

(3) 适用简易程序处理的道路交通事故。

(4) 车辆在道路以外通行时发生的事故。

公安机关交通管理部门受理复核申请的,应当书面通知各方当事人。

根据《交通事故处理程序规定》(公安部令第104号)规定:公安机关警务督察部门可以依法对公安机关交通管理部门及其交通警察处理交通事故工作进行现场督察,查处违法违纪行为。

上级公安机关交通管理部门对下级公安机关交通管理部门处理道路交通事故工作进行监督,发现错误应当及时纠正。

交通警察违反本规定,故意或者过失造成认定事实错误、适用法律错误、违反法定程序或者其他执法错误的,应当依照有关规定,根据其违法事实、情节、后果和责任程度,追究执法过错责任人员行政责任、经济责任和刑事责任;造成严重后果、恶劣影响的,还应当追究公安机关交通管理部门领导责任。

2 道路交通事故的自行协商处理

《道路交通安全法》的一大特色就是赋予事故当事人对没有人身伤亡事故进行"私了"的权利,这是道路交通事故处理体制上的重大改革。这一改革为交通事故当事人自主解决自己的事情提供了法律上的支持和制度上的空间。下面就对在什么情况下"私了"以及如何"私了"进行讨论。

1) 交通事故"私了"的法律依据及条件

《道路交通安全法》第七十条规定:"在道路上发生交通事故,未造成人身伤亡,当事人对事实及成因无争议的,可以即行撤离现场,恢复交通,自行协商处理损害赔偿事宜;不即行撤离现场的,应当迅速报告执勤的交通警察或者公安机关交通管理部门。在道路上发生交通事故,仅造成轻微财产损失,并且基本事实清楚的,当事人应当先撤离现场再进行协商处理。"

《交通事故处理程序规定》第十三条规定:"机动车与机动车、机动车与非机动车发生财产损失事故,当事人对事实及成因无争议的,可以自行协商处理损害赔偿事宜。车辆可以移动的,当事人应当在确保安全的原则下对现场拍摄或者标画事故车辆现场位置后,立即撤离现场,将车辆移至不妨碍交通的地点,再进行协商。

机动车与非机动车或者行人发生财产损失事故,基本事实及成因清楚的,当事人应当先撤离现场,再协商处理损害赔偿事宜。

对应当自行撤离现场而未撤离的,交通警察应当责令当事人撤离现场;造成交通堵塞的,对驾驶人处以200元罚款;驾驶人有其他道路交通安全违法行为的,依法一并处罚。"

《交通事故处理程序规定》第十四条规定:"具有本规定第十三条规定情形,当事人自行协商达成协议的,填写道路交通事故损害赔偿协议书,并共同签名。损害赔偿协议书内容包括事故发生的时间、地点、天气、当事人姓名、机动车驾驶证号、联系方式、机动车种类和号牌、保险凭证号、事故形态、碰撞部位、赔偿责任等内容。"

上述规定就是交通事故可以"私了"的法律依据,那么具体在什么情况下可以"私了"呢?

"私了"有两个条件:一是没有造成人身伤亡,二是当事双方对事实和成因没有争议。这两个条件都具备就可以私了或者自行解决。这种事故由于没有行政干预,是非常快捷的。但这里提醒一点要注意,完全没有责任这一方要有取证意识,防止负责任那一方反悔。

2)交通事故"私了"的目的与注意事项

北京市公安机关交通管理局在交通安全法实施不久,根据实际需要就出台事故快速处理新办法,交通事故"私了"是事故快速处理的一种,从字面来理解是非常快,如果用法规来讲,则是适用简易程序处理的交通事故。这主要是为了保障道路交通有序、安全、畅通,缓解因交通事故造成的交通拥挤堵塞,提高通行效率,维护广大交通参与者和交通事故当事人的合法权益,同时也符合国际惯例,这一举措在国内可以说首开先河。

北京市并据此设计了一种表格,叫做《当事人自行解决交通事故协议书》,俗称"私了"协议书,这种表格面向北京市驾驶员并免费发放的,里面写明了可以"私了"的情形,这种交通事故"私了"的举措,在全国还尚属首次,具体格式见表5-2。

那么,在当事人进行私了的过程中应该注意哪些事项呢?

(1)注意取证,不妨碍交通。双方对事故事实无争议的,在"私了"协议填写《机动车交通事故快速处理协议书》(以下简称《协议书》)中"事故事实"以上部分后,各执一份,并按规定将事故车辆移至不妨碍交通的地点,开启危险报警闪光灯,设置警告标志,夜间还须开启示宽灯和尾灯,协商赔偿事宜。填写内容有事故的时间、地点、当事人姓名、驾驶证号、联系方式、机动车牌号、保险凭证号,交通事故发生的情形,载明赔偿金额,双方责任以及当事人之间要签字,共同确认。该协议记录交通事故的内容,双方签字就可以生效。从民法上来讲,这是一种合同,是协议书。

(2)遇到达不成协议,达成后又反悔的情况该怎么办?如果达不成协议,有两种处理方式,第一,达不成协议,需要赔偿方起诉没有承担义务的这一方,也就是全部责方,走民事诉讼,通过法院来判决。第二就是通过民警协助处理这个事情。

机动车交通事故快速处理协议书　　　　　　　　　　表 5-2

事故时间	年　月　日　时　分			事故地点			
代码	姓名	驾驶证号或身份证号	车辆牌号	保险公司	电话	保险公司报案号
A						
B						
C						
事故情形	1.追尾的□	2.逆行的□	3.倒车的□	4.溜车的□	5.开关车门的□	6.违反交通信号的□	7.未按规定让行的□
	8.依法应负全部责任的其他情形□			情形描述：			
	9.双方应负同等责任的□			情形描述：			
伤情及物损情况							
当事人责任	A方负本起事故		B方负本起事故		C方负本起事故		
	1.全部责任　□ 2.同等责任　□ 3.无责任　　□		1.全部责任　□ 2.同等责任　□ 3.无责任　　□		1.全部责任　□ 2.同等责任　□ 3.无责任　　□		
	以上填写内容均为事实，如有不实，愿负法律责任。						
	A 签名：_____　　B 签名：_____　　C 签名：_____						
赔偿情况	自愿放弃保险索赔，自行解决协议如下：						
	A 签名：_____　　B 签名：_____　　C 签名：_____						
北京市公安局公安交通管理局、中国保险监督管理委员会北京监管局监制							

当事人达成赔偿协议后，肇事人拒不履行的，受害人可持《协议书》到交通事故发生地人民法院提起民事诉讼。如果对已达成协议又反悔的情况，如对赔偿金额有争议等，这时就要去人民法院通过诉讼来解决了。

3）交通事故不许"私了"的八种情况

相关的交通法律法规虽然允许并鼓励当事人对事故进行"私了"，但是，正如事事都有一个界限和范围一样，交通事故并非都可以"私了"，这也是相关法律法规中所明确规定的。如《交通事故处理程序规定》第八条规定："道路交通事故有下列情形之一的，当事人应当保护现场并立即报警：

(1) 造成人员死亡、受伤的。

(2) 发生财产损失事故，当事人对事实或者成因有争议的，以及虽然对事实或者成因无争议，但协商损害赔偿未达成协议的。

(3) 机动车无号牌、无检验合格标志、无保险标志的。

(4) 载运爆炸物品、易燃易爆化学物品以及毒害性、放射性、腐蚀性、传染病病原体等危险物品车辆的。

(5)碰撞建筑物、公共设施或者其他设施的。
(6)驾驶员无有效机动车驾驶证的。
(7)驾驶员有饮酒、服用国家管制的精神药品或者麻醉药品嫌疑的。
(8)当事人不能自行移动车辆的。"

发生财产损失事故,并具有前款第(2)项至第(5)项情形之一,车辆可以移动的,当事人可以在报警后,在确保安全的原则下对现场拍摄或者标画停车位置,将车辆移至不妨碍交通的地点等候处理。

3 交通事故调解流程图

交通事故调解流程图如图 5-35 所示。

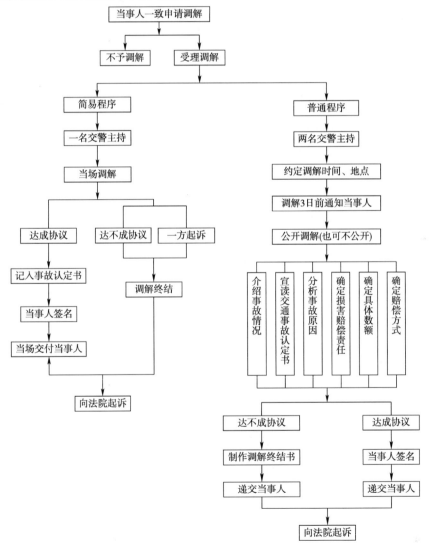

图 5-35 交通事故调解流程图

4 交通事故索赔流程图

交通事故索赔流程图如图 5-36 所示。

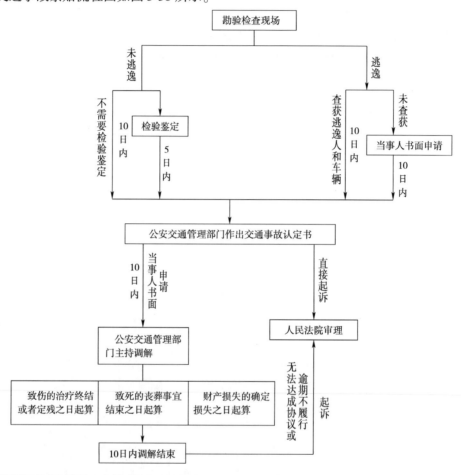

图 5-36 交通事故索赔流程图

学习任务6 确定事故车辆的损失

 学习目标

通过本任务学习,应能:
1. 确定车辆损伤部位及损伤程度;
2. 根据车辆损伤程度,确定零部件更换或修复方案;
3. 学会编制事故车损伤的修复工艺流程图;
4. 学会水淹车、火灾车的定损;
5. 确定车辆修复工时费计算价格;
6. 缮制定损单交客户去维修厂修复。

 学习时间

16学时。

 工作情境描述

事故介绍:晚上9时30分,吴先生驾驶雪佛兰新赛欧回家,在车行驶至某大街十字路口附近的时候,由于抢红灯躲闪不及,突然与反向行驶的环卫车发生了碰撞,车辆前部多处部件损坏。接险10min后,保险人员到达事故现场查勘,驾驶员出示了三证及保单。保险人员查勘行车痕迹、受损车辆和人员伤亡情况,而后交警出具了责任认定书,责任主要由雪佛兰车主承担,之后便与专门负责此事的定损人员约定了时间进行车辆损坏情况的查勘。

如果你是保险公司定损人员,应如何确定车辆损失。

 学习引导

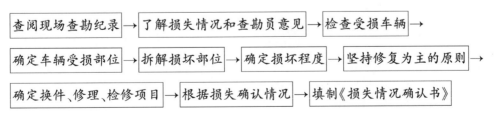

一、知识准备

1 车辆定损的基本原则

出险车辆经现场查勘后,已明确属于保险责任而需保险人理赔时,应严格按照保险合同的约定对事故所造成的损失进行准确、合理的核定。保险公司对损失的核定一般有两种模式:一种是保险合同当事人共同委托第三方公估公司进行核定,另一种由保险人、被保险人共同协商确定。由于我国公估行业尚在起步阶段,目前大多数财险公司均是采取第二种方式进行定损。

根据机动车保险条款规定事故车辆以修复为主,保险事故发生后,核定金额的大小不仅关系到保险公司最终赔付金额,也与被保险人损失得以补偿的程度息息相关。根据损失补偿的基本原则,被保险人可获得的补偿量,仅以其保险标的遭受的实际损失为限,即保险人的补偿恰好能使保险标的在经济上恢复到保险事故发生前的状态,而不能使补保险人获得多于或小于损失的补偿,尤其是绝不能使被保险人获得额外的利益。因此在对事故车辆损失进行核定时,应严格按照损失补偿的原则进行核定。

机动车辆保险条款规定,因保险事故损坏的被保险机动车及第三者财产,应当尽量修复。修理前被保险人应当会同保险人检验,协商确定修理项目、方式和费用。否则,保险人有权重新核定;无法核定的,保险人对无法核定部分不予赔付。事故车辆在定损中既要考虑到保险公司经济效益,同时还要考虑事故车辆修复后能恢复车辆原有的技术性能。也就是说既要挤干定损估价中不必要的水分,坚持准确、合理的原则,还要信守保险合同,维护保险公司信誉,取信于广大保户。

2 事故车辆基本定损原则

(1)定损范围仅限于本次事故中所造成的车辆损失(包括车身损失、车辆的机械损失)。

(2)事故车辆以修复为主,能修理的零部件,尽量修复,不要随意更换新的零部件。

(3)根据修复工艺,能局部修复的不能扩大到整体修理(主要是对车身表面漆的处理),能更换零部件的坚决不能更换总成件。

(4)根据当地修理行业工时费用及配件价格行情,准确核定修理费用及换件材料费用。

3 定损的基本流程

事故车辆经现场查勘确属保险责任后,由保险公司或公估公司进行定损。对采取公估公司进行损失确认的,由保险公司及被保险人共同出具委托函,由公估公司定损。由保险公司及被保险人共同协商定损的,保险公司一般要求委派两人参与车辆定损。

定损的基本流程如图6-1所示。

(1)做好定损前期准备工作:查阅出险车辆现场查勘记录、承保情况及历史出险记录。

①查阅查勘记录,了解事故损失情况和查勘员查勘意见。

②查看出险车辆承保情况,确定损失所对应的险别和赔付限额。定损时属于未承保险别的损失项应不予赔付(常见车上人员伤亡、新增设备损失、发动机进水损失),且定损金额不应超过各险别的最高赔付限额(车损险应不超过实际价值或保险金额)。

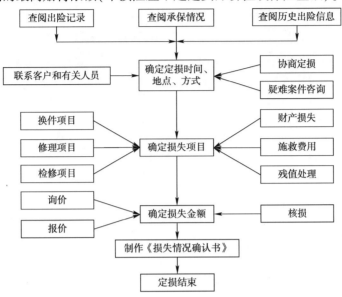

图6-1 定损工作流程图

③仔细查阅涉案车辆出险记录,避免重复索赔(常见的情况是已经另案定损但未修理又发生事故;历史案件中定损更换的零件只是修理未更换)。

(2)对受损车辆进行拍摄。

①定损人员使用数码照相机拍摄照片时,相机应正确设置拍摄日期,并尽量按一定顺序(比如从前到后,由外到内)对受损车辆进行拍摄。

②定损照片需含有能清晰反映车辆的号牌的整车照片,受损部位的整体照片,能正确反映零部件的损失数量和受损程度的照片。

③对价值较高的受损零部件和需要更换的零部件、残损零配件等应单独拍摄;对原车装有选装件的,应对选装零件铭牌或配件编码进行拍摄。定损员应按照精简、高效、准确的原则控制好照片的数量。

④每辆受损车辆应确定1~2张有代表性的标记照片,重点反应受损车辆整体损失概况。

(3)确定车辆损失情况。

①严格按照车辆定损基本原则进行损失核定。

②确定保险车辆和第三者车辆损失项目。注意剔除责任免除条款保险公司不予赔付部分。如新增设备损失(未承保新增设备损失险);区分事故损失与机械损失的区别(比如机械故障机械本身的损失、轮胎自爆轮胎的损失、锈蚀零部件的损失);被保险人未尽到施救义务致使损失扩大部分;此外,如出险车辆还存在历史赔付情况,要注意对照历史案件信息,剔除本次损失中重复索赔的项目。

③超过本级定损员受理权限的案件，应及时上报上级部门，由上级部门进行核定。

④与客户协商确定修理方案，包括换件项目、修理项目、检修项目。坚持修复为主的原则，如客户要求将应修零部件改为更换时，超出部分的费用应由其自行承担，并在定损单中予以注明。

⑤残值的处理。对更换下的零部件，其残值由双方协商处理，折归被保险人的，应合理作价，并在定损金额中扣除；由保险公司回收残值的，按照保险公司损余物资处理规定做好登记、移交工作。对于可修可换的零部件定损为更换的，尤其是一些价值较高的零部件，为防止道德风险，保险公司应要求回收残值。

⑥对更换零部件进行询价、报价。根据出险地当地配件市场行情，准确核定更换零部件的价格，价格要做到有价有市。

⑦工时费的确定。工时费的定价应以当地修理行业的平均价格为基础，并适当考虑修理厂的资质，与被保险人协商确定。

⑧定损单经保险公司复核无异议后，出具定损单。定损单一式两份，经被保险人签字确认，保险人、被保险人各执一份。

⑨对损失金额较大，双方协商后难以达成一致的，或受损车辆技术要求高，难以确定损失的，可聘请专家或委托公估机构对损失进行评估。

⑩受损车辆原则上应一次定损。定损完毕后，由被保险人自选修理厂修理或到保险人推荐的修理厂修理。

4 机动车辆现场查勘记录单

机动车辆现场查勘记录单见表6-1。

机动车辆现场查勘记录单　　　　　　　　　　表6-1

机动车辆保险现场查勘记录			
被保险人：		保单号码：	赔案编号：
保险车辆	号牌号码： 是否与底单相符：	车架号码（VIN）：	是否与底单相符：
	厂牌型号： 车辆类型： 是否与底单相符：		检验合格至：
	初次登记年月： 使用性质： 是否与底单相符：		漆色及种类：
	行驶证车主： 是否与底单相符：	行驶里程：	燃料种类：
	方向形式： 变速器类型： 驱动形式：			损失程度：□无损失 □部分损失 □全部损失
	是否改装： 是否具有合法的保险利益：		是否违反装载规定：
驾驶员	姓名： 证号：	领证时间：	审验合格至：
	准驾车型： 是否是被保险人允许的驾驶员：□是　□否		是否是约定的驾驶员： □是　□否　□合同未 约定　□不详
	是否酒后：□是　□否　□未确定	其他情况：	
查勘时间	(1)　　　　是否第一现场：_____	(2)	(3)
查勘地点	(1)	(2)	(3)

续上表

机动车辆保险现场查勘记录			
出险时间：		保险期限：	出险地点：
出险原因：□碰撞　□倾覆　□火灾　□自燃　□外界物体倒塌、坠落　□自然灾害　□其他_____			
事故原因：□疏忽、措施不当　□机械事故　□违法装载　□其他_____			
事故涉及险种：□车辆损失险　□第三者责任险　□附加险_____			
专用车、特种车是否有有效操作证：□有　□无			
营业性客车有无有效的资格证书：□有　□无			
事故车辆的损失痕迹与事故现场的痕迹是否吻合：□是　□否			
事故为：□单方事故　□双方事故　□多方事故			
保险车辆车上人员伤亡情况：□无　□有　伤_____人；亡_____人。			
第三者人员伤亡情况：□无　□有　伤_____人；亡_____人。			
第三者财产损失情况：□无　□有　□车辆损失　号牌号码：_____　车辆型号：_____　□非车辆损失			
事故经过：			
施救情况：			
备注说明：			
被保险人签字：		查勘员签字：	

5 定损注意事项

车辆定损应注意以下事项：

(1)应注意本次事故造成的损失和非本次事故造成的损失，正常维护与事故损失的界限。对确定为事故损失的部位应坚持尽量修复的原则。如果被保险人或第三者提出扩大修理范围或应修理而要求更换的，超出部分的费用应由其自行承担，并在合同中明确注明。

区分本次事故造成的损失和非本次事故造成的损失时一般根据事故部位的痕迹进行判断。对本次事故的碰撞部位，一般有脱落的漆皮痕迹和新的金属刮痕，而对非本次事故的碰撞部位一般有油污和锈迹。进行区分本次事故损失和非本次事故损失的目的主要是避免重复估价重复赔偿。因为部分小事故在定损估价赔偿后，由于被保险人某些原因，车辆往往不进行修复，如本次事故定损时再考虑以往事故损失，就会存在重复估价重复赔偿的问题。

区分事故损失与机械损失的界限主要是对车损险来说，保险人只能承担条款载明的保险责任所致事故损失的经济赔偿。因制动失灵、机械故障和轮胎自身爆裂，以及零部件的锈蚀、朽旧、老化、变形、发裂等所造成该类零件自身的损失，保险公司不负赔偿责任。但若因这些原因而引发车辆发生碰撞、倾覆、爆炸等保险责任的，对由此造成的事故损失可予以负责。

(2)经保险人同意，对事故车辆损失原因进行鉴定的费用应负责赔偿。

(3)受损车辆解体后，如发现尚有因本次事故损失的部位没有定损的，经定损员核实后，可追加修理项目和费用。

(4)受损车辆未经保险人同意而由被保险人自行送修的，保险人有权重新核定修理费用或拒绝赔偿。在重新核定时，应对照现场查勘记录，逐项核对修理费用，剔除扩大修理的费用或其他不合理的项目和费用。

(5)换件残值应合理作价,如果被保险人接受,则在定损金额中扣除;如果被保险人不愿意接受,保险人拥有处理权。

(6)定损人员应随时掌握最新的零配件价格,了解机动车辆修理工艺和技术,以避免因不掌握最新的零配件价格和不了解机动车辆修理工艺和技术而一味压低理赔价格,造成修理厂无法按常规修复的错误。

6 车辆定损的技术依据

(1)了解出险车辆的总体结构及整体性能。
(2)了解受损零部件拆装难易程度及相关拆装作业量。
(3)掌握受损零部件的检测技术,了解修理工艺及所需工装器具。
(4)掌握修理过程中所需的辅助材料及用量。
(5)了解出险车辆修复后的检查鉴定技术标准。

7 修复车辆的复检

事故车辆修复完工,客户提取车辆之前,保险公司可选择安排车辆复检,即对维修方案的落实情况、更换配件的品质和修理质量进行检验。以确保修理方案的实施,零配件修理、更换的真实性,防范道德风险的发生,保证被保险人的利益。

复检的结果应在定损单上注明。如发现未更换定损换件或未按定损价格更换正厂件,应在定损单上扣除相应的差价。

8 常损零件换修原则

对事故车辆定损时,损坏的零部件究竟是更换还是维修,必须坚持一定的原则,具体如下。

1)质量、寿命有保证

修理后零部件的使用寿命应能达到新件使用寿命的80%以上,且应能与整车的使用寿命相匹配。

2)修理零部件的费用与新件价格的关系

价值较低的,一般修理费用应不高于新件价格的30%;中等价值的,一般修理费用应不高于新件价格的50%;总成的修理费用,不可大于新件价格的80%。

3)确保行车安全

有关安全的零部件受损变形后,从质量和安全角度考虑,应适当放宽换件的标准。如转向摇臂、直臂等,在无探伤条件下,无法确定其内部是否受损时,就要更换,以确保安全。

4)无必要的检测设备时

凡可以校正,但无校正和检验设备来保证校正质量时,如轿车的稳定杆、桑塔纳轿车的发动机副梁、货车的传动轴等,受伤变形后要更换。

5)对某些老旧车型

凡市场上已很难购到的配件,且尚可修理的,其修理费用虽高一些,也要修复。

9 零配件的询报价

对需要更换的零配件需要确定其价格,且须使确定的零配件价格符合市场情况,能让修理厂保质保量的完成维修任务,所以零配件报价应做到"有价有市"。

汽车配件价格信息掌握的准确度对降低赔款起着举足轻重的影响作用。由于零配件的生产厂家众多,市场上不但有原厂或正规厂家生产的零配件,而且还有许多小厂家生产的零配件,因此零配件市场价格差异较大。另外,由于生产厂家的生产调整、市场供求变化、地域的差别等多种原因也会造成零配件价格不稳定,处于时刻的波动状态,特别是进口汽车零部件缺乏统一的价格标准,其价格差异更大。

为此,保险公司认识到必须建立一个完整、准确、动态的询报价体系,在这方面,大的保险公司,如人保、太保、平安等公司均建立了网络报价系统,使得定损人员在定损过程中能够争取主动,保证定出的零配件价格符合市场行情,这大大加快了理赔速度。而中小公司,则采用与专业机构合作的方式或安排专人定期收集整理配件信息,掌握和了解配件市场行情变化情况,了解和比较本地汽车配件经销商的经销情况(包括:经销配件的质量、配件价格的比较),广泛与各汽配商店及经济信息部门联系,以期取得各方面的配件信息。对高档车辆及更换配件价值较大的亦可与外地电话联系,并与当地配件价格比较(要避免在配件价格方面出入较大)。

零配件报价中常见问题及其处理:

(1)询价单中车型信息不准确、不齐全,甚至互相矛盾,造成无法核定车型,更无法确定配件,导致报价部门不能顺利报价。针对这种情况,一般要求准确填写标的的详细信息。

(2)配件名称不准确或配件特征描述不清楚。针对这种情况,一般要求选择准确的配件名称或规范的术语或相近的名称,并在备注栏加以说明,对于重要或特殊配件,查找实物编码或零件编码或上传照片。

(3)把总称与零部件混淆。针对这种情况,一般要求向配件商咨询或上传照片。

(4)有单个配件而报套件。针对这种情况,一般要求定损人员必须熟悉车辆结构和零配件市场供给情况。

(5)对老旧、稀有车型的配件报价,应准确核对车型,积极寻找通用互换件。

(6)报价后价格波动或缺货。报价有一定的时效,一般为3~7天,市场上货源紧张时价格上涨,所以报价、供货时间要快,避免涨价或缺货。

(7)无现货而必须订货的,原则上按海运价报价。

二、任 务 实 施

项目1　确定车辆损坏部位及损坏程度

1 项目说明

出险车辆经现场查勘后,已明确属于保险责任而需保险人理赔时,应严格按照保险合同的约定对事故所造成的损失进行准确、合理的核定。

定损人员应对车辆的损坏情况进行了初步的了解。由于事故车辆的损坏程度比较严重,各部件的损坏程度确定就比较困难,所以定损人员需要将车辆运送到维修厂,边拆解车辆的损坏部位边进行损坏程度鉴定,这样可以比较完整的对整个车辆进行定损。

仔细查阅涉案车辆出险记录,避免重复索赔(常见的情况是已经另案定损但未修理又发生事故;历史案件中定损更换的零件只是修理未更换)。

2 技术要求与标准

(1)定损范围仅限于本次事故中所造成的车辆损失(包括车身损失、车辆的机械损失)。
(2)2人一组配合,多选择一些案例能在6学时内完成此项目。

3 设备器材

(1)事故车辆。
(2)数码照相机。
(3)拆解工具。
(4)记录本。

4 作业准备

(1)清洁整理场地。
(2)将车辆固定在工位。

5 操作步骤

(1)查阅查勘记录,了解事故损失情况和查勘员查勘意见。

(2)查看出险车辆承保情况,确定损失所对应的险别和赔付限额。定损时属于未承保险别的损失项应不予赔付(常见车上人员伤亡、新增设备损失、发动机进水损失),且定损金额不应超过各险别的最高赔付限额(车损险应不超过实际价值或保险金额)。

(3)对车辆从外部进行观察,初步判断损伤部位。

(4)对事故车辆整体外观进行拍摄(图6-2)。照片要显示车辆整体情况、牌照等,对损伤部位要能清晰表现。

(5)拆解车辆的损坏部位进行损坏程度鉴定。对于受损的重点部位要仔细检查(图6-3),如不能从外部确定受损情况则需要进行拆解检查。对遭损坏的每一个零部件都要仔细检查,以确定损坏程度。要注意查看损坏是否是由此次事故造成。

图6-2 事故车辆整体外观

图6-3 受损重点部位

①检查车身时,重点查看钣金件有无变形、破裂(图6-4),固定部位是否损坏,车身油漆是否因事故造成脱落等。

②检查汽车上的玻璃、塑料零部件,重点检查有无裂缝、破损(图6-5和图6-6)。

③前照灯除了要仔细检查灯罩、反射镜、外壳是否破损外,还要检查固定点的支架是否完好(图6-7)。

图6-4　发动机罩严重变形损坏

图6-5　受损的风窗玻璃

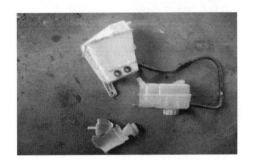

图6-6　制动液壶损坏

图6-7　损坏的前照灯

④拆解过程中由于遭损坏的部件很多(图6-8和图6-9),而且多为机械内部的小零件,这样就很难确定其是否已经损坏,定损人员要逐一进行仔细检查,将所有已损坏的小零件确定完毕。

图6-8　损坏的副水箱

图6-9　损坏的发动机气门室盖

项目2 根据损伤程度,确定零部件更换或修复方案及费用

1 项目说明

确定车辆损伤程度后,严格按照车辆定损基本原则进行损失核定。

事故车辆以修复为主,能修理的零部件,尽量修复,不要随意更换新的零部件。根据修复工艺,能局部修复的不能扩大到整体修理(主要是对车身表面漆的处理),能更换零部件的坚决不能更换总成件。

根据当地修理行业工时费用及配件价格行情,准确核定修理费用及换件材料费用。

2 技术要求与标准:

(1)4人一组配合,多选择一些案例能在4学时内完成此项目。
(2)零部件价格表,网络报价系统。
(3)当地工时费的平均价格。

3 设备器材

(1)事故车辆。
(2)数码照相机。
(3)拆解工具。
(4)记录本。

4 作业准备

(1)了解出险车辆的总体结构及整体性能,掌握受损零部件的检测技术。
(2)了解修理工艺及所需工装器具。
(3)了解受损零部件拆装难易程度及相关拆装作业量,掌握修理过程中所需的辅助材料及用量。
(4)了解出险车辆修复后的检查鉴定技术标准。

5 操作步骤

(1)根据车辆的损坏程度确定哪些零部件和总成不能修复需要更换。

①车身覆盖件损坏后,要根据其本身的材料、损坏程度、修复所需费用来确定修复还是更换。如图6-10所示发动机罩已严重变形褶皱,并有部分破裂很难修复需更换。

②汽车上许多零部件由塑料制作,损坏后较难修复或修复后不能满足使用要求,多需更换(图6-11)。

③汽车玻璃特别是风窗玻璃对行车安全有很大影响,出现破裂时需更换(图6-12)。

④车上一些小部件的损坏容易被疏忽,在检查中一定要仔细认真,如果损坏应予以更换(图6-13)。

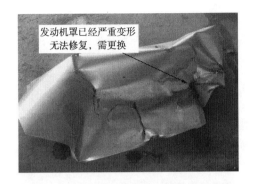
图6-10 损坏的发动机罩

图6-11 损坏的冷却风扇

图6-12 损坏的风窗玻璃

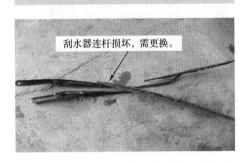
图6-13 损坏的风窗玻璃刮水器

⑤汽车的前照灯是保障夜间行车的必需部件,出现损坏后应更换(图6-14)。

经检查以上前照灯、前保险杠、副水箱、空调散热器、风窗玻璃、散热器的散热风扇、发动机罩、气门室盖等严重损坏不能修复,需要更换。

(2)根据车辆的损坏程度确定哪些零部件和总成可以修复。

①金属固定架变形后可经过校正后继续使用(图6-15)。

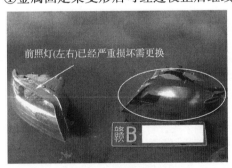
图6-14 损坏的前照灯

图6-15 固定架变形需修复

②冷却液散热器在发生较严重碰撞后经常会变形和泄漏,因其价值较高、修复后可以满足正常使用要求,所以应尽量修复(图6-16)。

经检查,翼子板、刮水器固定架、冷却液散热器、前立柱、纵梁等损坏部位需要修复。

(3)核定修理费用及换件材料费用。

①与客户协商确定修理方案、包括换件项目、修理项目、检修项目。坚持修复为主的原

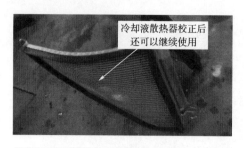

图 6-16 冷却液散热器变形

则,如客户要求将应修零部件改为更换时,超出部分的费用应由其自行承担,并在定损单中予以注明。

②查询网络报价系统,根据当地修理行业工时费用及配件价格行情,准确核定修理费用及换件材料费用。

(4)填写机动车辆保险车辆损失情况确认书零部件更换项目清单(表6-2)。

表 6-2　机动车辆保险车辆损失情况确认书

保险单号	PDAA2007362523000XXXXX		厂牌型号	雪佛兰 SGM7140SE	本栏为保险人内部询报价使用		
号牌号码	赣BXXXXX		保险金额				
序号	零部件		配件编号	数量(件)	工时费(元)	估计价格	报价	备注
	部位	名称						
1		左前照灯		1		255		
2		右前照灯		1		255		
3		刮水器		1		88		
4		副水箱		1		35		
5		前保险杠		1		230		
6		空调散热板		1		260		
7		刮水臂		2		45		
8		前风窗玻璃		1		350		
9		前杠灯(左右)		2		150		
10		制动液壶		1		45		
11		前杠骨架		1		200		
12		发动机装饰盖		1		95		
13		气门室盖		1		275		
14		蓄电池		1		240		
15		空调电子扇		1		176		
16		散热器电子扇		1		176		
17		导水板		1		50		
18		刮水器连杆		1		55		
19		左遮阳板(带镜)		1		78		
20		右遮阳板(带镜)		1		78		
21		发动机罩		1		380		
22		制冷剂		4		60		
23		环保泵油		1		20		
24		制动液		1		20		
	小计					¥3616.00		

续上表

保险单号	PDAA2007362523000XXXXX		厂牌型号	雪佛兰SGM7140SE	本栏为保险人内部询报价使用		
号牌号码	赣BXXXXX		保险金额				
序号	零部件		配件编号	数量(件)	工时费(元)	估计价格	报价	备注
	部位	名称						

序号	部位	名称	配件编号	数量(件)	工时费(元)	估计价格	报价	备注
1		防冻液		1		50		
2		刮水片		1副		40		
3	钣金	左前翼子板			20			
4		右前翼子板			50	合计 ¥270.00		
5		龙门架			80			
6		刮水器连杆固定架			40			
7		纵梁			40			
8		左前立柱			40			
9	油漆	翼子板			140			
10		龙门架刮水器连杆固定架纵梁			100	合计 ¥450.00		
11								
12		发动机罩			140			
13		保险杠			70			
14	其他	仪表台拆装			60			
15		安装前风窗玻璃			40			
16		发动机			20	合计 ¥250.00		
17		电工			40			
18		其他安装费			60			
19		空调			30			
	小计				¥970.00	¥3706.00	合计 4676.00	

(5)残值的处理。对更换下的零部件,其残值由双方协商处理,折归被保险人的,应合理作价,并在定损金额中扣除;由保险公司回收残值的,按照保险公司损余物资处理规定做好登记、移交工作。对于可修可换的零部件定损为更换的,尤其是一些价值较高的零部件,为防止道德风险,保险公司应要求回收残值。

项目3 水淹车的定损

1 项目说明

王先生的车因暴雨致大量的雨水涌入停车位,使得汽车被水整整泡了一天(图6-17),水位下降后他就及时的与保险公司取得了联系。经现场查勘完毕后,现需给车辆定损。

图 6-17 车辆受损现场

2 技术要求与标准

(1) 4人一组配合,能在4学时内完成此项目。
(2) 根据技术标准确定车辆及零部件的损坏程度。
(3) 当地零部件、工时费的平均价格。

3 设备器材

(1) 事故车辆。
(2) 数码照相机。
(3) 拆解工具。
(4) 记录本。

4 作业准备

(1) 了解出险车辆的总体结构及整体性能,掌握受损零部件的检测技术。
(2) 了解修理工艺及所需工装器具。
(3) 了解受损零部件拆装难易程度及相关拆装作业量,掌握修理过程中所需的辅助材料及用量。
(4) 了解出险车辆修复后的检查鉴定技术标准。

5 操作步骤

(1) 对受灾车辆进行施救,控制损失的继续扩大。

控制受灾车辆损失的重点是正确开展除水、除锈、防锈工作,关注项目是水淹后的电器项目以及可修复配件、待确定配件范围。要求如下:

①此项工作必须在具有除水、除锈、防锈工作能力的汽车维修企业进行,此能力包括工艺能力、设备能力、技术能力以及与保险公司的配合沟通能力等。

②开展此项工作前,必须与此维修企业确认上述修复工艺、确认损坏项目的鉴定工艺,并以文字文件的形式确认。

③除水、除锈、防锈工作必须在事故发生的当天进行,其中的除水工作必须在当天完成,绝对不允许拖延。

(2) 对受灾车辆进行检查,根据受灾害程度判断车辆主要零部件的可能进水情况。

车上的许多部位在水淹后从外部不能看见损失情况,需拆开覆盖件后方能确定损失,如车内地板、行李舱、内饰件等(图6-18~图6-20)。

(3) 对损失配件进行合理的区分,对损失项目进行分类以便定损工作的顺利进行。

区分进水受灾配件可能损坏的程度。例如:仪表、音响、操作面板、各电气控制和执行单元、发电机、启动机、发动机、变速器、驱动桥等(图6-21和图6-22)。

①按照类别区别出机械配件、电气配件、装饰性配件、舒适性配件。
②区别出更换配件、可修复配件、待确定配件范围项目。

图6-18 打开车内地板胶,检查水淹情况

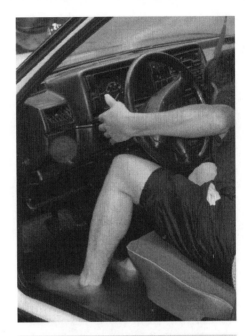

图6-20 查看驾驶室水淹情况

图6-19 查看行李舱水淹情况

图6-21 检查飞轮水淹后损坏情况

图6-22 检查发动机水淹情况

③分类区别出交通事故损失配件项目、水淹损失配件项目。

④区别出正常损失配件项目和灾后扩大损失配件项目。

⑤区别出属于保险责任和不属于保险责任项目。水淹车辆的控制损失项目重点工作为:对可修复配件和待确定配件范围项目的恢复和确认。

(4)填写损失情况确认书,确定修理费用。

修理费用按以下要求确定:

①对机械部件应进行清洗、除锈、分解、润滑处理。

②对电气、仪表部分应按上述方法进行合理的清洗、干燥处理后,通过仪器检测对确因水灾损坏的予以更换。

③对车体内装饰件按上述方法进行清洁整理,对无法修复部分可以更换。

④对车体表面漆有损伤可考虑喷漆处理。

⑤对灾害造成的车辆被冲走或滚翻,定损时还应对车体变形部位给予相应的整形处理。

⑥对于部分电气设备,如音响、车载电话、发电机、启动机等配件,借助外界专业的维修企业进行维修处理。

⑦对于价值较高的电气元件,应聘请专业人员共同鉴定,提供维修意见,尤其是重大损失及高档车辆的电气设备进行鉴定。

⑧区别正常机械损坏与事故损坏的界限,须区分是否属于承保范围,剔除不属于保险责任范围的损失。

⑨建立跟踪和回勘制度。在损失配件上粘贴一次性标签(注明编号、车牌号及查勘人员签章),对更换或待查配件进行标注。

⑩对于水灾更换的所有零配件,均应全部回收,并登记入库。

小知识　对事故车辆进行维修、清理的顺序原则

对水损较严重的车辆:

(1)先断开蓄电池电源(对于高级轿车还必须切断记忆电源即小蓄电池)。

(2)用清水进行严格、仔细冲洗去污并排去积蓄的水(图6-23),特别注意对仪表及液晶影像音响、导航系统的保护。

(3)一般拆卸顺序:先电气控制系统、电气设备,后其他部分;先内饰、座椅部分,后外观部分;先泡损时间久部分,后其他部分。

(4)将拆卸下电子控制装置、电子传感器等电子器件,清洁去水后浸于酒精(分析纯或含量99%的工业用酒精)容器中进一步溶去水分,将电子元器件在酒精中进一步漂洗取出后用干燥的压缩空气将其风干,小心打开电子器件外壳进行线路板风干,然后喷涂透明三防漆(亚克力线路板三防喷漆或DCA三防喷漆)。

(5)将拆卸下的电气设备(电动机)清洁去水后放置于酒精(分析纯或含量99%的工业用酒精)容器中漂洗去水分(时间不宜过长),再用干燥的压缩空气从电器的冷却通风孔中将其风干(可用低温(40℃)烘干处理),然后补充润滑脂(油)。

(6)拆卸座椅、内饰件先进行漂洗、去水,在进行低温(50℃)烘干处理(烘干时应按原样摆放,必要时应以支撑,不可叠放,注意整洁)。

(7)特别注意:不可拆卸开制动(刹车)系统管路(包括ABS泵的机械部分),将制动主缸油壶卸下倒尽剩油,用新油清洗后换上原装新油,制动主缸适当排放空气即可。

(8)线束处理:将拆卸完其他设备及内饰的车身及线束,用清水冲洗并排干积水,将线束接插件(插头)用酒精(分析纯或含量99%的工业用酒精)浸洗,然后用干燥的压缩空气将线束及线束接插件风干(接插件还应喷上防腐除锈剂),而后再把车身(附线束)置于烤房中,先以60℃烘烤30min以上,然后烤房边加温边通风,温度控制在比常温高5~10℃,运作至车身温度接近常温即可,再将车身置于干燥的通风处晾干结束。

(9)对一些全密封的电子器件,仅需参照上述方法处理接插件即可,对部分发现已经氧化较严重的电子元器件则只能更换。

车内清洗消毒如图 6-24 所示。

图 6-23　表面高温清洗

图 6-24　车内清洗消毒

三、学习评价

(1)驾驶员介绍:7月5日10时10分,驾驶员驾驶一辆旅行车沿某市环线快速路由南向北行驶,车辆行至辅道入口处,由于标的车左前方车辆突然向右变道想进入辅道,标的车驾驶员紧急制动并向右打方向躲避,导致车辆撞在护栏上,右前轮脱落,驾驶员又向左急打方向,导致车辆撞到另一边的护栏,最后停在路的中间,双气囊全爆,驾驶员受轻伤。请问此案现场查勘的具体操作方法及注意事项。

(2)客户报案称:6月18日20时左右,驾驶员驾驶一辆别克轿车行驶在乡间公路,在转弯时由于车速过快,方向没有把握好,车掉入路边沟中,并被大树挡住。假如你是查勘人员,请问如何完成本次事故的现场处理。

学习任务7 人员伤亡、其他财产、施救费用的确定

学习目标

通过本任务学习,应能:
1. 学会编制人员伤亡处理的流程图;
2. 能够根据事故查勘报告确定人员伤亡一般负责的合理费用和不符合保险赔偿范围的费用;
3. 能够区分事故间接损失与直接损失;
4. 学会普通常见物质财产的损失确定方法;
5. 能够对被保险人提出的施救费用进行确定。

学习时间

16学时。

工作情境描述

某日中午,××驾驶某公交公司的客车行至某大桥南桥头时,客车冲上0.37m高的桥梁路沿,撞坏大桥护栏后,坠落9.3m高的桥下,车辆实载50人,造成3人死亡,20人受伤,其中重伤5人。事故发生后,保险公司人员及时奔赴现场查勘。公安局专案组、有关技术机构及专家通过现场勘察、走访调查以及对人、车、路和周围环境的分析,确定为驾驶员操作失误造成此次事故。

如果你是保险公司定损人员,应如何确定事故损失。

学习引导

查阅现场查勘纪录 → 了解事故情况和事故责任书 → 了解人员伤亡情况及车辆和货物受损情况 → 初步确定车辆及人员损失情况 → 确定人员伤亡情况

确定事故死亡人数、受伤人数、伤情和治疗情况 → 确定事故其他物质损失并对施救费用进行确定 → 确定车辆损失;确定乘客携带财产的损失;确定事故现场施救费用 →

根据损失确认情况 → 填制《损失情况确认书》

一、知识准备

1 施救费用的确定

施救费用是指当保险标的遭遇保险责任范围内的灾害事故时,被保险人或其代理人、雇佣人员等为防止损失的扩大,采取措施抢救保险标的而支出的必要、合理的费用,并符合国家有关政策规定。

施救费用的确定要严格依照条款有关规定,并注意以下几点:

(1)被保险人使用他人(非专业消防单位)的消防设备,施救保险车辆所消耗的费用及设备损失可以赔偿。

(2)保险车辆出险后,雇用吊车和其他车辆进行施救的费用,以及将出险车辆拖运到修理厂的运输费用,在当地物价部门颁布的收费标准内负责赔偿。

(3)在施救过程中,因施救而损坏他人的财产,如果应由被保险人承担赔偿责任的,可酌情予以赔偿。但在施救时,施救人员个人物品的丢失,不予赔偿。

(4)施救车辆在拖运受损保险车辆途中发生意外事故造成的损失和费用支出,如果该施救车辆是被保险人自己或他人义务派来抢救的,应予赔偿;如果该施救车辆是有偿服务的,则不予赔偿。

(5)保险车辆出险后,被保险人赶赴肇事现场处理所支出的费用,不予负责。

(6)只对保险车辆的施救费用负责。保险车辆发生保险事故后,涉及两车以上应按责分摊施救费用。受损保险车辆与其所装货物(或其拖带其他保险公司承保的挂车)同时被施救,其救货(或施救其他保险公司承保的挂车)的费用应予剔除。如果它们之间的施救费用分不清楚,则应按保险车辆与货物(其他保险公司承保的挂车)进行比例分摊赔偿。

(7)保险车辆为进口车或特种车,发生保险责任范围的事故后,当地确实不能修理,经保险公司同意去外地修理的移送费,可予负责,并在定损单上注明送修地点和金额。但护送车辆人员的工资和差旅费,不予负责。

(8)施救、保护费用与修理费用应分别理算。当施救、保护费用与修理费用相加,损失已达到或超过保险车辆的实际价值时,可按推定全损予以赔偿。

(9)车辆损失险的施救费是一个单独的保险金额,但第三者责任险的施救费用不是一个单独的责任限额。第三者责任险的施救费用与第三者损失金额相加不得超过第三者责任险的责任限额。

(10)施救费应根据事故责任、相对应险种的有关规定扣减相应的免赔率。

(11)重大或特殊案件的施救费用应委托专业施救单位出具相关施救方案及费用计算清单。

2 人员伤亡费用确定

机动车辆发生伤人交通事故后,保险公司应在接到现场查勘调度后,应提前介入,参与交通事故被保险人或受害人的治疗方案和医疗用药的意见和建议,以达到在合理控制赔付率的同时,最大限度地维护客户的利益,达到双赢的效果。

保险公司参与人员伤亡费用核定的人员主要是医疗审核人员。

(1)医疗审核岗的主要职能在于:

①参与治疗方案和用药的意见和建议,提前与医生就伤者需要做的身体检查方式和次数进行磋商,提醒伤者注意非保险责任范围的医疗费用,时时关注伤者的治疗进展,掌握合理的住院时间。

②审核以治疗交通事故创伤使受害者身体复原所必需的药品费用和治疗费用为标准,具体包括挂号费、必要的检查费、手术费、治疗费、住院费。医药费应参照当地社会医疗保险标准计算。不合理的医疗费包括非医保类药(或丙类药)及甲乙类药品、植入性材料的自费部分、非本次交通事故创伤而产生的医药费及植入材料费、功能恢复训练产生的康复费用、非以器官功能恢复为目的产生的整容费及整形植入材料费等。

③对被保险人或受伤人员的伤残原因、伤残程度和等级做调查和核实。

④对人身伤亡费用进行核定。第三者责任险以及相关附加险(如车上人员责任险)中涉及的人员伤亡费用,保险公司应按照《最高人民法院关于审理人身损害赔偿案件适用法律若干问题的解释》规定的赔偿范围、项目和标准,按保险合同的约定赔偿。

(2)按照《最高人民法院关于审理人身损害赔偿案件适用法律若干问题的解释》的规定,人身伤亡可以赔偿的合理费用主要包括:

①受伤人员的就医治疗支出的各项费用以及因误工减少的收入,包括医疗费、误工费、护理费、交通费、住宿费、住院伙食补助费、必要的营养费,赔偿义务人应当予以赔偿。其中,医疗费指受伤人员在治疗期间发生的由本次事故造成的损伤的医疗费用(限公费医疗的药品范围)。

②残疾赔偿费用。受害人因伤致残的,其因增加生活上需要所支出的必要费用以及因丧失劳动能力导致的收入损失,包括残疾赔偿金、残疾辅助器具费,以及因康复护理、继续治疗实际发生的必要的康复费、护理费、后续治疗费。

③死亡人员的赔偿。受害人死亡的,除应当根据抢救治疗情况赔偿第(1)条规定的相关费用外,还应当赔偿丧葬费、死亡补偿费等。

④抚养费用。指残疾或死亡人员的被抚养人生活费。

⑤其他费用。指伤亡者直系亲属及合法代理人参加交通事故调解处理的误工费、交通费和住宿费。

(3)人身伤亡赔偿的标准。交通事故对于人身伤亡的赔偿项目较多,确定时具有一定难度。人员伤亡的各项赔偿标准,是根据《最高人民法院关于审理人身损害赔偿案件适用法律若干问题的解释》以及机动车辆保险条款的有关规定进行逐项计算。

①医疗费。医疗费是指在交通事故中受伤人员的医疗费用,包括医疗机构门诊挂号费、门诊观察治疗费、住院费、救护车费和救护出诊费、聘请院外专家费、医疗机构护理费、必要的整容费、必要的器官移植费、未来的再次治疗费。

医疗费根据医疗机构出具的医药费、住院费等收款凭证,结合病历和诊断证明等相关证据确定。没有有效发票的不予计算赔款,住院发票中如有伙食费、餐具费、陪伴费、护工费、其他物品费应在医疗费中剔除。住院期间未经医院同意自购的药费不予计算赔偿,国家规定的自费药品不予计算赔偿。

医疗费的赔偿数额,按照一审法庭辩论终结前实际发生的数额确定。器官功能恢复训练所必要的康复费、适当的整容费以及其他后续治疗费,以待实际发生后另行确定。但根据医疗证明或者鉴定结论确定必然发生的费用,可以与已经发生的医疗费一并予以赔偿。

②护理费。护理费是指伤者、残者或死者生前,在医院抢救治疗期间或康复过程中所必需的陪护人员的误工费或工资,主要根据受害人的护理依赖程度或者护理级别、需要的护理人数等确定金额。

护理人员有收入的,参照误工费的规定计算;护理人员没有收入或者雇佣护工的,参照当地护工从事同等级别护理的劳务报酬标准计算。护理人员原则上为一人,但医疗机构或者鉴定机构有明确意见的,可以参照确定护理人员人数。

护理期限应计算至受害人恢复生活自理能力时止。受害人因残疾不能恢复生活自理能力的,可以根据其年龄、健康状况等因素确定合理的护理期限,但最长不超过20年。

受害人定残后的护理,应当根据其护理依赖程度并结合配制残疾辅助器具的情况确定护理级别。

超过确定的护理期限,赔偿权利人向人民法院起诉请求继续给付护理费的,人民法院应予受理。赔偿权利人确需继续护理的,人民法院应当判令赔偿义务人继续给付相关费用5~10年。

③必要的营养费。营养费是指受害人通过平时的食品摄入尚不能达到受损前身体康复的要求,而需要增加营养品作为对身体补充所支出的费用。

营养费根据受害人伤残情况参照医疗机构的意见确定。

④误工费。误工费是指受害人本人因伤害治疗期间甚至恢复期间、定残之日以前,不能生产、劳动、上班工作和承包经营而减少的收入,以及死亡受害人的家属办理丧葬事宜导致的合理的误工损失。

误工费根据受害人的误工时间和收入状况确定。

误工时间根据受害人接受治疗的医疗机构出具的证明确定。受害人因伤致残持续误工的,误工时间可以计算至定残日前一天。

受害人有固定收入的,误工费按照实际减少的收入计算。受害人无固定收入的,按照其最近3年的平均收入计算;受害人不能举证证明其最近3年的平均收入状况的,可以参照受诉法院所在地相同或者相近行业上一年度职工的平均工资计算。

⑤残疾辅助器具费。就是受害人用于购买补偿丧失了的器官功能的伤残用具的费用,也称为补偿功能器具费。

残疾辅助器具费按照普通适用器具的合理费用标准计算。伤情有特殊需要的,可以参照辅助器具配制机构的意见确定相应的合理费用标准。

辅助器具的更换周期和赔偿期限参照配制机构的意见确定。

超过确定的辅助器具费给付年限,赔偿权利人向人民法院起诉请求继续给付辅助器具费的,人民法院应予受理。赔偿权利人确需继续配制辅助器具的,人民法院应当判令赔偿义务人继续给付相关费用5~10年。

⑥残疾赔偿金。受害人因侵权导致残疾丧失部分甚至全部劳动能力,进而导致收入的

减少,因此按照规定地区的城镇居民平均生活费标准并结合受害人残疾后的劳动能力残值,给予受害人用于个人生活的补助费。

残疾赔偿金根据受害人丧失劳动能力程度或者伤残等级,按照受诉法院所在地上一年度城镇居民人均可支配收入或者农村居民人均纯收入标准,自定残之日起按20年计算。但60周岁以上的,年龄每增加1岁减少1年;75周岁以上的,按5年计算。

受害人因伤致残但实际收入没有减少,或者伤残等级较轻但造成职业妨害严重影响其劳动就业的,可以对残疾赔偿金作相应调整。

超过确定的残疾赔偿金给付年限,赔偿权利人向人民法院起诉请求继续给付残疾赔偿金的,人民法院应予受理。赔偿权利人确实没有劳动能力和生活来源的,人民法院应当判令赔偿义务人继续给付相关费用5~10年。

赔偿权利人举证证明其住所地或者经常居住地城镇居民人均可支配收入或者农村居民人均纯收入高于受诉法院所在地标准的,残疾赔偿金可以按照其住所地或者经常居住地的相关标准计算。

根据2002年3月11日国家质量监督检疫总局发布的国家标准《道路交通事故受伤人员伤残评定》将受害人的残疾等级共分10级,每级相差10%。伤残等级与赔偿比例见表7-1。

伤残等级与赔偿比例表　　　　　　　　　　　　　　　　表7-1

伤残等级	1	2	3	4	5	6	7	8	9	10
赔偿比例(%)	100	90	80	70	60	50	40	30	20	10

⑦交通费。交通费是指交通事故中的受害人及其家属在处理事故中发生的合理的交通费用。

交通费根据受害人及其必要的陪护人员因就医或者转院治疗实际发生的费用计算。交通费应当以正式票据为凭;有关凭据应当与就医地点、时间、人数、次数相符合。

⑧住宿费。住宿费是指交通事故中的受害人及其家属在处理事故中发生的合理的住宿费。

受害人本人及其陪护人员实际发生的住宿费,其合理部分应予赔偿,凭住宿发票计算赔款。

⑨住院伙食补助费。住院伙食补助费为伤者在住院期间的伙食补助。只对在住院期间给予补助,未住院者不给予补助。受害人确有必要到外地治疗,因客观原因不能住院,受害人本人及其陪护人员实际发生伙食费,其合理部分应予赔偿。住院伙食补助费可以参照当地国家机关一般工作人员的出差伙食补助标准予以确定。

⑩死亡赔偿金。死亡赔偿金是指对于在交通事故中死亡人员的一次性补偿。

死亡赔偿金按照受诉法院所在地上一年度城镇居民人均可支配收入或者农村居民人均纯收入标准,按20年计算。但60周岁以上的,年龄每增加1岁减少1年;75周岁以上的,按5年计算。

赔偿权利人举证证明其住所地或者经常居住地城镇居民人均可支配收入或者农村居民人均纯收入高于受诉法院所在地标准的,死亡赔偿金可以按照其住所地或者经常居住地的相关标准计算。

⑪被抚养人生活费。被抚养人生活费是指死者生前或残者丧失劳动能力前实际抚养的未成年子女或者没有其他生活来源的配偶、父母等亲属在物质上和生活上提供扶助与供养的费用。

被扶养人生活费根据扶养人丧失劳动能力程度,按照受诉法院所在地上一年度城镇居民人均消费性支出和农村居民人均年生活消费支出标准计算。被扶养人为未成年人的,计算至18周岁;被扶养人无劳动能力又无其他生活来源的,计算20年。但60周岁以上的,年龄每增加1岁减少1年;75周岁以上的,按5年计算。

被扶养人是指受害人依法应当承担扶养义务的未成年人或者丧失劳动能力又无其他生活来源的成年近亲属。被扶养人还有其他扶养人的,赔偿义务人只赔偿受害人依法应当负担的部分。被扶养人有数人的,年赔偿总额累计不超过上一年度城镇居民人均消费性支出额或者农村居民人均年生活消费支出额。

赔偿权利人举证证明其住所地或者经常居住地城镇居民人均可支配收入或者农村居民人均纯收入高于受诉法院所在地标准的,被扶养人生活费可以按照其住所地或者经常居住地的相关标准计算。

⑫丧葬费。丧葬费为在交通事故中死亡人员的有关丧葬费用,包括:整容、寄存尸体、火化、骨灰盒、搬运尸体等必需的费用。

丧葬费按照受诉法院所在地上一年度职工月平均工资标准,以6个月总额计算。

其他财产损失的确定。保险事故导致的财产损失,除了车辆本身的损失和第三者人员伤害外,还可能会造成第三者的财产损失和车上承运货物的损失,从而构成第三者责任险、车上责任险赔偿对象。

3 第三者财产损失确定

对于第三者物产损失的定损因其涉及范围较大,定损标准、技术以及掌握的尺度相对机动车辆来讲要难得多。根据机动车辆第三者责任险保险条款规定,保险车辆发生意外事故,直接造成事故现场他人现有财产的实际损毁,保险人依据保险合同的规定予以赔偿。而对于第三方(受害者)在对财产损毁的赔偿方面往往提出远高于实际价值的要求,有些甚至还包括间接损失以及处罚性质的赔偿。由此,给保险公司定损人员在定损过程中带来很多困难。

第三者财产损失赔偿责任是基于被保险人的侵权行为产生的,应根据民法的有关规定按照被损害财产的实际损失予以赔偿。交通事故造成财产直接损失的,按照《中华人民共和国民法通则》第一百一十七条的规定,应当恢复原状或者折价赔偿。确定的方式可以采用与被害人协商,协商不成可以采用仲裁或者诉讼的方式。

按照《交通事故处理程序规定》的规定,对于交通事故造成财、物损失应赔偿直接损失,其赔偿办法是修复或者折价赔偿。修复费用、折价赔偿费用按照实际价值或者评估机构的评估结论计算。

第三者财产损失包括:第三者车辆所载货物、道路、道路安全设施、房屋建筑、电力和水利设施、道旁树木花卉、道旁农田庄稼等。

常见第三者财产损失的定损处理方法如下。

1)市政设施

对于市政设施的损坏,市政部门对肇事者所索要的损失赔偿往往有一部分属处罚性质以及间接损失方面的赔偿。但保险公司依据条款规定只能承担因事故造成的直接损失。因此定损人员在定损过程中应该掌握和区分在第三者索要赔偿部分,哪些属于间接费用,哪些属于罚款性质。同时,为使定损合理,定损人员要准确掌握和搜集当地的损坏物体的制造成本、安装费用及赔偿标准。一般情况,各地市内绿化树木及草坪都有规定的赔偿标准及处罚标准。在定损过程中,只能按损坏物体的制造成本、安装费用及赔偿标准进行定损。

2)道路及道路设施

车辆倾覆后很容易造成对道路路面的擦痕,以及燃油对道路的污染。很多情况下路政管理部门都要求对路面进行赔偿,尤其是高速公路路段。道路两旁的设施(护栏等)也可能因车辆碰撞造成损坏。对于以上两方面所造成的损失,保险公司有责任与被保险人一起同路政管理部门商定损失。因道路及设施的修复施工一般都由路政管理部门组织,很难以招标形式进行定损。大部分损失核定都以路政管理部门为主,但在核损时定损人员必须掌握道路维修及设施修复费用标准,定损范围只限于直接造成损坏的部分。对于路基路面塌陷应视情况确定是否属于保险责任。若在允许的载重吨位下,车辆通过所造成的路基路面塌陷,不在赔偿范围之内;若车辆严重超载,在超过允许吨位下通过所造成的路基路面损失,应由被保险人自行赔偿,不在保险公司赔偿范围之内。

3)房屋建筑物

碰撞事故可能造成路旁房屋建筑物的损坏。在对房屋建筑物的损失核定方面,除要求定损人员掌握有关建筑方面知识之外(建筑材料费用、人工费用),在定损方面最好采取招标形式进行。请当地建筑施工单位进行修复费用预算招标,这样一方面便于准确定损,另一方面也比较容易说服第三者(受害者)接受维修方案。

4)道旁农田庄稼

车辆倾覆可能造成道旁农田庄稼(青苗)的损坏,此部分损失核定可参照当地同类农作物亩产量进行测算定损。

5)第三者车上货物的损坏

在对第三者损失定损的过程中,实际确定的损失费用往往与第三者向被保险人所索要的赔偿费用有一定的差距。保险公司定损人员应当向被保险人解释清楚,即保险公司只能对造成第三者的实际损坏部分的直接损失费用进行赔偿,超出部分(如:间接损失费用、处罚性质费用以及第三者无理索要的部分费用)应由被保险人与第三者进行协商处理。

4 车上货物损失确定

凡发生保险责任内的车上货物损失,原则上保险公司必须立即派员前往出事现场,对车上货物损失进行查勘处理,然后会同被保险人和有关人员对受损的货物进行逐项清理,以确定损失数量、损失程度和损失金额。在损失金额的确定方面应坚持从保险利益原则出发,注意掌握在出险当时标的具有或者已经实现的价值,确保体现补偿原则。

在对车上货物损失进行查勘定损时,应注意掌握以下几个原则:

（1）机动车辆保险条款在车上责任保险条款中一般都明确规定："由于诈骗、盗窃、丢失、走失、哄抢造成的货物损失，保险人概不负责任"。根据这一规定，在车辆发生保险责任事故，如碰撞、倾覆造成车上货物损失，查勘定损人员在对车上货物进行查勘定损时，只需对损坏的货物进行数量清点，并分类确定其受损程度。

（2）对于易变质、易腐烂的(如食品、水果类)等物品在征得保险公司有关领导同意后，应尽快现场变价处理。

（3）对机电设备损坏程度的确定，应联系有关部门进行严格的技术鉴定。当地有条件的可在当地进行，当地无条件的可将设备运回进行技术鉴定（或送往设备制造单位）。在对机电类设备进行定损时仍坚持以修复为主的定损原则。坚持可更换局部零件的，不更换总成件，一般不轻易作报废处理决定。

（4）对确实已达报废程度、无修理恢复使用价值可能性的，可作报废处理，但必须将残值折归给被保险人。

二、任务实施

项目1 初步确定车辆及人员损失情况

1 项目说明

事故现场如图7-1所示。对于这类特大交通事故的处理，主要是对人员的伤亡赔付，确定本保险公司投保人的伤亡情况，另外就是要与交管部门取得事故判定书，确定具体的事故责任，看是否存在驾驶员误操作或酒后驾车等人为因素，以及事故车的损坏情况，并且这类事故的定损理赔的时间都比较长。为保证事故能得到快速、全面、正确的处理，需要多人同时进行工作。

图7-1 事故现场图片

定损人员应对人员伤亡和车辆的损坏情况进行了初步的了解，对事故的情况有总体的认识，这样可以比较完整的对整事故损失进行定损。

2 技术要求与标准

（1）定损范围仅限于本次事故中所造成的损失(包括人员伤亡、车辆损失及其他损失)。
（2）4人一组配合，能在2学时内完成此项目。

3 设备器材

(1)模拟现场。
(2)数码照相机。
(3)拆解工具。
(4)记录本。

4 作业准备

(1)事故判决书。
(2)事故现场查勘报告。

5 操作步骤

(1)通过询问事故现场查勘人员和查看事故现场查勘报告,了解现场施救情况及大体费用(图7-2和图7-3)。

图7-2 对事故受伤人员进行救护

图7-3 对事故车辆进行施救

(2)通过询问事故现场查勘人员和查看事故现场查勘报告,初步确定事故受伤和死亡人数(图7-4)。

(3)通过询问事故现场查勘人员和查看事故现场查勘报告,初步确定车辆损失情况以及其他物质损失情况(图7-5)。

(4)对上述了解的情况要进行记录,重点情况可进行拍摄。

图7-4 事故遇难人员

图 7-5　事故车辆和道路设施受损情况

项目 2　确定人员伤亡情况

(1) 项目准备和要求同项目 1。

(2) 操作步骤。

①仔细查看现场查勘报告,确定事故受伤和死亡人数,并向现场查勘人员核实(图 7-6)。

图 7-6　现场人员伤亡及抢救情况

②了解事故死亡人员的基本情况,了解事故受伤人员的姓名、性别、年龄、家庭住址、工作岗位、伤情等。

③到医院或受伤者家中当面了解伤员伤情和治疗情况。

项目 3　对施救费用进行确定

(1) 项目准备和要求同项目 1。

(2) 操作步骤。

①仔细查看现场查勘报告,并向现场查勘人员核实现场施救情况(图 7-7)。

②确定现场采取的各项施救措施及动用的人员设备情况(图7-8)。

③确定现场各项施救费用。

图7-7　现场施救情况

图7-8　现场施救情况

注意：

a. 只对保险车辆的施救费用负责。

b. 施救费用、保护费用与修理费用应分别理算。

c. 重大或特殊案件的施救费用应委托专业施救单位出具相关施救方案及费用计算清单。

图7-9　现场财产损失情况

项目4　确定事故其他物质损失

(1)项目准备和要求同项目1。

(2)操作步骤。

①仔细查看现场查勘报告,并向现场查勘人员核实现场其他物质损失情况(图7-9)。

②通过现场查勘报告及照片,了解道路及设施损坏情况,必要时要到现场进一步核实(图7-10)。

③通过现场查勘报告及到现场进一步核实,确定货物和乘客物品的损失情况(图7-11)。

④核查时要仔细、全面并做好相应的记录和现场照片,以备今后查看。

图7-10　事故造成道路设施损坏,护栏被撞坏

图7-11　乘客的部分物品损失情况

三、学习评价

1 选择题

(1)在损失发生时或损失发生后为减少损失程度而采取的各项措施是指(　　)。
　　A. 抑制　　　　B. 分散　　　　C. 预付　　　　D. 转移

(2)护理费的确定规则是(　　)。
　　A. 护理人员有收入的,参照误工费的规定计算
　　B. 护理人员没有收入或者雇佣护工的,参照当地护工从事同等级别护理的劳务报酬标准计
　　C. 护理人员原则上为2人,但医疗机构或者鉴定机构有明确意见的,可以参照确定护理人员人数
　　D. 由退休人员护理病人不给护理费

(3)汽车火灾大致可以分为(　　)。
　　A. 自燃、引燃、碰撞起火
　　B. 自燃、引燃、碰撞起火、爆炸
　　C. 自燃、引燃、碰撞起火、爆炸、雷击

2 判断题

(1)护理期限应计算至受害人恢复生活自理能力时止。受害人因残疾不能恢复生活自理能力的,可以根据其年龄、健康状况等因素确定合理的护理期限,但最长不超过10年。(　　)

(2)被抚养人有数人的,年赔偿总额不超过上一年度城镇居民人均消费性支出或者农村居民人均年生活消费支出额。(　　)

(3)受害人死亡后其亲属办理丧葬事宜时的交通费,应该由保险公司负责。(　　)

(4)保险事故车辆在施救过程中,由于吊车或拖车两次发生事故,应将两次事故造成的事故车辆及吊车或拖车的损失计入施救费项赔付。(　　)

3 问答题

医疗跟踪的主要内容有哪些?

参 考 文 献

[1] 雷正保,乔维高.交通安全概论[M].北京:人民交通出版社,2010.
[2] 邵毅明.道路交通运输安全学[M].北京:人民交通出版社,2008.
[3] 梁轶琳.交通事故处理与赔偿法律政策解答[M].北京:法律出版社,2010.
[4] 仇加勉.道路交通事故责任认定图解[M].北京:中国人民公安大学出版社,2002.